Sicher im Abi

Kompakt-Wissen

Physik

Mit Lern-Videos online

Wolfgang Stainer

Klett Lerntraining

Wolfgang Stainer ist Gymnasiallehrer für die Fächer Physik und Mathematik in Bayern.

Bibliografische Information der Deutschen Nationalbibliothek
Die Deutsche Nationalbibliothek verzeichnet diese Publikation in der Deutschen Nationalbibliografie; detaillierte bibliografische Daten sind im Internet über http://dnb.dnb.de abrufbar.

1. Auflage 2020

© PONS GmbH, Stöckachstraße 11, 70190 Stuttgart 2020
Alle Rechte vorbehalten.
www.klett-lerntraining.de
kundenservice@klett-lerntraining.de
Hinweis: Der Online-Zugang zu den Videos ist mindestens bis drei Jahre nach Ersterscheinen des Buches gewährleistet.
Titelillustration: Shutterstock (WINS86), New York
Satz: tebitron gmbh, Gerlingen
Druck: AZ Druck und Datentechnik GmbH, Kempten
Printed in Germany
ISBN 978-3-12-949617-6

INHALT

 **= Lern-Videos online**

4

INHALT

INHALT

▶ = Lern-Videos online

INHALT

Vorwort

Liebe Abiturientin, lieber Abiturient,

in diesem Buch finden Sie alles, was Sie in der Oberstufe im Fach Physik wissen müssen.

Sie wollen schnell, gezielt und kompakt das Wichtigste lernen und sich optimal auf den Unterricht vorbereiten. Dabei hilft Ihnen der **QUICK-FINDER**:

- Jedes Kapitel beginnt mit einer übersichtlichen Auflistung aller wesentlichen Themen.
- Prüfen Sie, ob Sie zu jedem Thema etwas sagen können.
- Wenn Sie zu einem Thema mehr wissen wollen, verweisen die Seitenzahlen auf den entsprechenden Abschnitt im Buch.
- Damit Sie den Abschnitt schneller finden, ist das Thema farbig markiert.

SPEZIALTHEMEN vertiefen besonders wichtige Aspekte, damit Sie im Unterricht punkten können.

Im **STICHWORTVERZEICHNIS** finden Sie zusätzlich alle wichtigen Lernbegriffe.

Besonders schwierige Themen können Sie sich über kostenlose **LERN-VIDEOS** erklären lassen. Auf der vorderen Umschlag-Klappe wird genau erklärt, wie Sie zu den Videos gelangen. So haben Sie Ihren persönlichen Nachhilfelehrer immer in der Tasche.

Viel Erfolg im Abitur wünscht Ihnen

Ihr Klett Lerntraining-Team

Mechanik

1 Kinematik und Dynamik

QUICK-FINDER

Geradlinige Bewegung

KONSTANTE GESCHWINDIGKEIT Versuch: Ein Körper wird in der Ebene reibungsfrei und geradlinig mit konstanter Geschwindigkeit v_0 bewegt. Die Laufzeiten Δt werden variiert, der jeweils zurückgelegte Weg Δx wird gemessen.

Ergebnis: $\Delta x \sim \Delta t \;\Rightarrow\; \dfrac{\Delta x}{\Delta t} = \text{const}$

Definition: $v_0 = \dfrac{\Delta x}{\Delta t} = \dfrac{x(t+\Delta t) - x(t)}{\Delta t} = \dfrac{x_2(t) - x_1(t)}{t_2 - t_1}$

Konstante Geschwindigkeit

Einheit: $[v] = 1\,\dfrac{m}{s} = 3{,}6\,\dfrac{km}{h}$

Diagramme für $v = v_0,\quad t_0 = 0,\quad x(t_0) = 0$

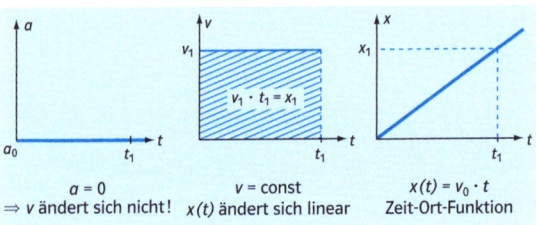

$a = 0$
$\Rightarrow v$ ändert sich nicht!

$v = \text{const}$
$x(t)$ ändert sich linear

$x(t) = v_0 \cdot t$
Zeit-Ort-Funktion

KONSTANTE BESCHLEUNIGUNG Versuch: Auf einen Körper, der sich in der Ebene reibungsfrei und geradlinig bewegt, wirkt in Bewegungsrichtung eine konstante Kraft vom Betrag F. Die Laufzeiten Δt werden verändert, der jeweils zurückgelegte Weg Δx wird gemessen; die mittlere Geschwindigkeit $\bar{v} = \frac{\Delta x}{\Delta t}$ und ihre Änderung $\Delta \bar{v}$ werden berechnet.

Beobachtung: Der Körper ändert seine Geschwindigkeit, wird also beschleunigt.

Ergebnis: $\Delta \bar{v} \sim \Delta t \;\Rightarrow\; \frac{\Delta v}{\Delta t} = \text{const}$

Für $\Delta t \to 0$ erhält man die Geschwindigkeit zu einem Zeitpunkt:

Definition: $v(t) = \lim\limits_{\Delta t \to 0} \bar{v} = \lim\limits_{\Delta t \to 0} \frac{\Delta x}{\Delta t} = \lim\limits_{\Delta t \to 0} \frac{x(t + \Delta t) - x(t)}{\Delta t}$

Momentan-Geschwindigkeit

Das führt zur

Definition: $a_0 = \dfrac{\Delta v}{\Delta t} = \dfrac{v(t + \Delta t) - v(t)}{\Delta t} = \dfrac{v_2(t) - v_1(t)}{t_2 - t_1}$

Konstante Beschleunigung

Einheit: $[a_0] = \dfrac{1\,\frac{m}{s}}{1\,s} = 1\,\dfrac{m}{s^2}$

Diagramme für $v = v_0$, $\quad t_0 = 0$, $\quad x(t_0) = 0$

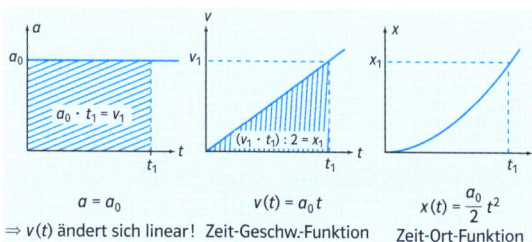

$a = a_0$
$\Rightarrow v(t)$ ändert sich linear!

$v(t) = a_0 t$
Zeit-Geschw.-Funktion

$x(t) = \dfrac{a_0}{2} t^2$
Zeit-Ort-Funktion

BEWEGUNG MIT ANFANGSGESCHWINDIGKEIT Ist die Anfangsgeschwindigkeit v_0 nicht Null, so addiert sich v_0 in der Zeit-Geschwindigkeits-Funktion bzw. der durch ihre Wirkung zurückgelegte Weganteil $v_0 t$ in der Zeit-Ort-Funktion. Eliminiert man aus diesen beiden Gleichungen noch die Zeit, so erhält man schließlich die drei

Bewegungsgleichungen

$$v(t) = v_0 + a_0 t \qquad x(t) = v_0 t + \frac{a_0}{2} t^2 \qquad v^2(x) - v_0^2 = 2 a_0 x$$

$v(t)$ und $a(t)$ erhält man auch als Ableitungen der Zeit-Ort-Funktion nach der Zeit, und so gilt:

$$x(t) = v_0 t + \frac{a_0}{2} t^2 \;\Rightarrow\; v(t) = \frac{dx(t)}{dt} = \dot{x} = v_0 + a_0 t$$

$$\Rightarrow\; a(t) = \frac{dv(t)}{dt} = \dot{v} = \ddot{x} = a_0$$

Newton'sche Gesetze

1. NEWTON'SCHES GESETZ (TRÄGHEITSSATZ) Ein Körper, auf den keine Kraft wirkt, bleibt in Ruhe oder bewegt sich geradlinig mit konstanter Geschwindigkeit.

Daraus folgt umgekehrt: Ein Körper, dessen Geschwindigkeit sich nach Betrag oder Richtung ändert, erfährt eine Kraft.

2. NEWTON'SCHES GESETZ Versuch: Auf einen Körper, der sich in der Ebene reibungsfrei und geradlinig bewegt, wirkt in Bewegungsrichtung eine konstante

Kraft vom Betrag F. Diese Kraft und die Masse m des Körpers werden verändert, die durch die Kraft hervorgerufene Beschleunigung a wird aus den Laufzeiten Δt und dem jeweils zurückgelegten Weg Δx berechnet.

Ist eine Größe zu zwei oder mehr Größen direkt proportional, so ist sie dem Produkt dieser Größen proportional.

$$\left.\begin{array}{c} a \sim F \\ a \sim \frac{1}{m} \end{array}\right\} \Rightarrow a \sim \frac{F}{m} \Rightarrow F \sim ma$$

d. h. je größer F, desto größer a, bzw. je größer m, desto kleiner a.

Durch die Definition der Krafteinheit ergibt sich der Proportionalitätsfaktor zu 1. Da $\vec{F}$ und $\vec{a}$ die gleiche Richtung haben, folgt:

2. Newton'sches Gesetz $\vec{F} = m\,\vec{a}$

Einheit: $[F] = 1\,\text{kg} \cdot 1\,\dfrac{\text{m}}{\text{s}^2} = 1\,\text{N (Newton)}$

Dieses Grundgesetz der Mechanik beschreibt auch Bewegungen mit *nicht* konstanter Beschleunigung.

3. NEWTON'SCHES GESETZ (WECHSELWIRKUNGSSATZ) Kräfte zwischen zwei Körpern treten immer nur paarweise auf, und es gilt:

$$\vec{F}_1 = -\vec{F}_2$$

actio gegengleich reactio

Diese Kräfte sind nicht zu verwechseln mit Gleichgewichtskräften, die auf *einen* Körper wirken!

Senkrechter und waagrechter Wurf

SENKRECHTER WURF   Wird ein Körper mit der Anfangsgeschwindigkeit v_0 senkrecht nach oben geworfen, so wird er von der als konstant anzunehmenden Gravitationskraft ständig nach unten beschleunigt, das heißt er steigt in der Steigzeit T bis zur Steighöhe H, wird also zunächst gebremst, und fällt dann wieder zurück. Die Fallbeschleunigung $\vec{g}$ ist also mit negativem Betrag in die Bewegungsgleichungen einzusetzen, und bei vernachlässigter Luftreibung ist:

$$v(t) = v_0 - g\,t$$
$$y(t) = v_0\,t - \frac{g}{2}t^2$$
$$v_2(y) - v_0^2 = -2\,g\,y$$

Bewegungsgleichungen für den senkrechten Wurf

Wegen $v(T) = 0$ und $y(T) = H$ gilt $T = \dfrac{v_0}{g}$ und $H = \dfrac{v_0^2}{2g}$

Setzt man in den Bewegungsgleichungen für den senkrechten Wurf $v_0 = 0$, so erhält man die Bewegungsgleichungen für den freien Fall:

$$v(t) = -g\,t$$
$$y(t) = -\frac{g}{2}t^2$$
$$v_2(y) = -2\,g\,y$$

Bewegungsgleichungen für den freien Fall

WAAGRECHTER WURF Wird ein Körper mit der Anfangsgeschwindigkeit v_0 waagrecht geworfen, so wird er von der als konstant anzunehmenden Gravitationskraft ständig nach unten beschleunigt; seine Bewegung kann also als Überlagerung zweier Komponenten beschrieben werden: Während er in x-Richtung mit der konstanten Anfangsgeschwindigkeit v_0 weiterfliegt, fällt er in y-Richtung beschleunigt.

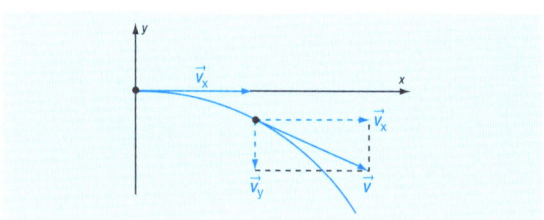

Legt man den Ursprung des Koordinatensystems in den Scheitel der Bahnkurve, so sind die Bewegungsgleichungen für den Ortsvektor $\vec{r}\,(t)$, den Geschwindigkeitsvektor $\vec{v}\,(t)$ und den Beschleunigungsvektor $\vec{a}\,(t)$ des waagrechten Wurfes:

$$\vec{r}\,(t) = \begin{pmatrix} v_0 t \\ -\frac{g}{2}t^2 \end{pmatrix} \qquad v(t) = \begin{pmatrix} v_0 \\ -gt \end{pmatrix} \qquad \vec{a}\,(t) = \begin{pmatrix} 0 \\ -g \end{pmatrix}$$

BAHNKURVE UND MOMENTANGESCHWINDIGKEIT Durch Elimination der Zeit t aus den Koordinaten $x = v_0 t$ und $y = -\frac{g}{2}t^2$ des Ortsvektors $\vec{r}\,(t)$ erhält man:

$$y = -\frac{g}{2v_0^2} \cdot x^2 \quad \text{Bahnkurve}$$

Im rechtwinkligen Dreieck aus der Bahngeschwindigkeit $\vec{v}(t)$ und ihren Komponenten mit den Beträgen $v_x = v_0$ und $v_y = -g\,t$ (siehe Skizze S. 15) ergibt sich mit Hilfe des Satzes von Pythagoras:

$$v(t) = \sqrt{v_0^2 + g^2 t^2}$$ **Betrag der Momentan-Geschwindigkeit**

Arbeit, Leistung und Energie; Energieerhaltung

MECHANISCHE ARBEIT UND LEISTUNG Ist α der Winkel zwischen dem Weg $\vec{x}$ eines Körpers und einer konstanten Kraft $\vec{F}$, die auf den Körper einwirkt, so ist $\vec{F}_x$ deren Komponente in Wegrichtung. Wegen $F_x = F \cdot \cos \alpha$ gilt:

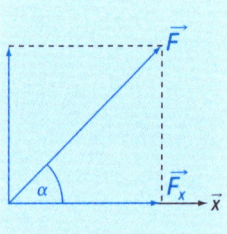

Definition: $W = \vec{F} \circ \vec{x} = F \cdot x \cdot \cos \alpha$
Mechanische Arbeit

Einheit: $[W] = 1\,\dfrac{\text{kgm}}{\text{s}^2} \cdot 1\,\text{m} = 1\,\text{Nm} = 1\,\text{J}$ (Joule)

Für eine (z. B. bei der Dehnung einer Feder) *wegabhängige Kraft* $\vec{F}(x)$ ist die mechanische Arbeit:

$$W = \int_{x_1}^{x_2} \vec{F}(x) \circ \mathrm{d}\vec{x}.$$

Wird insbesondere eine elastische Schraubenfeder gedehnt, die dem Gesetz von Hooke

$$D = \frac{F}{x} \;\Rightarrow\; F(x) = D \cdot x \qquad (D \text{ heißt Federhärte})$$

1

gehorcht, so berechnet man die Dehnungsarbeit zu

$$W = \int_{x_1}^{x_2} \vec{F}(x) \cdot d\vec{x} = \int_{x_1}^{x_2} F(x) \cdot \cos(\vec{F}, \vec{x}) \cdot dx$$

$$= \int_{x_1}^{x_2} D \cdot x \cdot dx = \frac{1}{2} \cdot D \cdot [x^2]_{x_1}^{x_2} = \frac{1}{2} \cdot D \cdot (x_2^2 - x_1^2).$$

Da $\vec{F}$ und $\vec{x}$ die gleiche Richtung haben, ist nämlich $\cos(\vec{F}, \vec{x}) = +1$.

Bezieht man die Arbeit auf die Zeit, in der sie verrichtet wird, so erhält man:

Definition: $P = \frac{W}{t}$ **Leistung**

Einheit: $[P] = \frac{1\,J}{1\,s} = 1\,W$ (Watt)

ARBEIT UND ENERGIE Arbeit kann als Energie E gespeichert werden und dann wieder zur Verrichtung von Arbeit zur Verfügung stehen:

$W_H = F_G \cdot h = m\,g\,h$ **Hubarbeit**

h ist die vom Weg unabhängige Höhendifferenz.
Befindet sich ein Körper auf der Höhe h, so wurde er durch Hubarbeit dorthin befördert und besitzt

$E_p = m\,g\,h$ **potentielle Energie der Lage**

Wird ein Körper mit der Kraft $F_a = m\,a$ beschleunigt, so gilt:

$$\left. \begin{array}{l} W_a = F_a \cdot x = m\,a \cdot x \\ 2\,a\,x = v^2 - v_0^2 \end{array} \right\} \Rightarrow W_a = \frac{1}{2} m (v^2 - v_0^2)$$

Beschleunigungsarbeit

Ein Körper der Anfangsgeschwindigkeit v_0 gewinnt durch Beschleunigungsarbeit die kinetische Energie

$$\Delta E_k = \tfrac{1}{2} m \cdot \Delta v^2 = \tfrac{1}{2} m \cdot \left(v^2 - v_0^2 \right) \text{ und besitzt dann}$$

$$E_k = \tfrac{1}{2} m v^2 \text{ kinetische Energie}$$

Achtung: $\Delta v^2 \neq (\Delta v)^2$, da $v_2^2 - v_1^2 \neq (v_2 - v_1)^2$!!
Dient eine Kraft F nur dazu, Reibung zu überwinden, also konstante Geschwindigkeit zu halten, so ist mit der Normalkraft F_N und der Reibungszahl μ:

$$W_R = F_R \cdot x = \mu\, F_N \cdot x \quad \text{Reibungsarbeit}$$

Durch Reibungsarbeit erwärmte Körper können keine mechanische Arbeit verrichten; es ergibt sich also keine Energieform der Mechanik.

Ist x die Dehnung einer Feder mit der Federkonstanten D, so berechnet man für $x_1 = 0$ wie oben gezeigt:

$$W_{Sp} = \frac{D}{2} x^2 \quad \text{Spannarbeit. Eine gespannte Feder enthält:}$$

$$E_P = \frac{D}{2} x^2 \quad \text{potentielle Energie der Elastizität}$$

ENERGIEERHALTUNGSSATZ DER MECHANIK In einem abgeschlossenen System, in dem keine Reibung auftritt, ist die Summe der mechanischen Teil-Energien konstant.

Folgerung: Mechanische Energie kann, wenn keine Reibung auftritt, nicht verschwinden; ihre Formen – potentielle und kinetische Energie – können jedoch ineinander umgewandelt werden.

Impuls und Impulserhaltung

1

IMPULS Versuch: Zwischen zwei Gleitern unterschiedlicher Massen m_1 und m_2 auf einer Luftkissenfahrbahn befindet sich eine zusammengedrückte Feder. Lässt man die Gleiter gleichzeitig los, so bewegen sie sich mit unterschiedlichen Geschwindigkeiten v_1 und v_2 auseinander. v_1 und v_2 können nach Weg- und Zeitmessungen berechnet werden.

Ergebnis: Die kinetischen Energien der beiden Gleiter sind nach dem Loslassen im Allgemeinen nicht gleich, jedoch haben die Produkte $m_1 v_1$ und $m_2 v_2$ gleiche Beträge, was auch aus dem 3. Newton'schen Gesetz folgt, denn die Beträge der einander entgegengerichteten mittleren Kräfte sind während der Beschleunigung zu jedem Zeitpunkt gleich groß:

$\vec{F}_1 = -\vec{F}_2 \Rightarrow m_1 \vec{a}_1 = -m_2 \vec{a}_2 \Rightarrow m_1 \frac{\Delta v_1}{\Delta t} = -m_2 \frac{\Delta v_2}{\Delta t}$, da die mittleren Beschleunigungen $\vec{a}_1$ und $\vec{a}_2$ konstant sind.

$\Rightarrow m_1 \Delta v_1 = -m_2 \Delta v_2$

$\Rightarrow m_1 v_1 = -m_2 v_2$ für $v_{10} = v_{20} = 0$.

Definition: $\vec{p} = m \cdot \vec{v}$ **Impuls**

Einheit: $[p] = 1 \frac{\text{kgm}}{\text{s}} = 1\,\text{Ns}$

KRAFTSTOSS $\Delta p = \Delta(m v) = m \Delta v = m \frac{\Delta v}{\Delta t} \Delta t = m a \Delta t$
$= F \Delta t$

Definition: $\vec{F} \Delta t$ heißt **Kraftstoß**.

Einheit: $[F \Delta t] = 1\,\text{Ns}$

$$\Delta p = F \Delta t \;\Rightarrow\; F = \frac{\Delta p}{\Delta t} \;\Rightarrow\; \vec{F}(t) = \lim_{\Delta t \to 0} \frac{\Delta \vec{p}}{\Delta t} = \frac{d\,\vec{p}}{d\,t}$$

(2. Newton'sches Gesetz in allgemeiner Form)

IMPULSERHALTUNGSSATZ In einem abgeschlossenen System ist die Summe der Teilimpulse eine vektorielle Konstante, der Gesamtimpuls.

Mit dem Impulserhaltungssatz gleichbedeutend ist der Schwerpunktsatz: Der Schwerpunkt eines abgeschlossenen Systems kann durch innere Kräfte nicht beschleunigt werden.

Gesetze des geraden, zentralen Stoßes

STOSSVERSUCH Zwei Körper bewegen sich reibungslos auf derselben Geraden, z.B. auf einer Luftkissenbahn, also zentral aufeinander zu. Dabei können die Geschwindigkeitsvektoren der beiden Körper gleich- oder entgegengesetzt gerichtet sein.

ELASTISCHER UND UNELASTISCHER STOSS Wegen des Impulserhaltungssatzes erhalten beide Körper beim Zusammenprall einen gleich großen, entgegengesetzt gerichteten Kraftstoß, der beide verformt. Man unterscheidet zwei Möglichkeiten:
- Idealerweise ist der Stoß vollkommen elastisch, d.h. die potentielle Energie der Elastizität der beiden Körper wird vollständig in kinetische Energie zurückverwandelt. Die Körper erhalten dabei je einen Stoß und

bewegen sich getrennt voneinander mit im Allgemeinen verschiedenen Geschwindigkeiten weiter.
- Der Stoß ist vollkommen unelastisch, d.h. mindestens einer der Körper bleibt dauerhaft verformt. Die beiden Körper bewegen sich dann im Allgemeinen zusammen mit der gleichen Geschwindigkeit weiter.

GESCHWINDIGKEITEN NACH DEM STOSS Sind m_1 und m_2 die Massen zweier gerade und zentral stoßender Körper, $\vec{v}_1$ und $\vec{v}_2$ ihre Geschwindigkeiten vor, $\vec{u}_1$ und $\vec{u}_2$ ihre Geschwindigkeiten nach dem Stoß, so gelten der
- Energieerhaltungssatz

$$\tfrac{1}{2}m_1v_1^2 + \tfrac{1}{2}m_2v_2^2 = \tfrac{1}{2}m_1u_1^2 + \tfrac{1}{2}m_2u_2^2$$

und der
- Impulserhaltungssatz $m_1\vec{v}_1 + m_2\vec{v}_2 = m_1\vec{u}_1 + m_2\vec{u}_2$

gleichzeitig. Daraus errechnet man für die Geschwindigkeiten zweier Körper nach ihrem vollkommen elastischen Stoß:

$$u_1 = \frac{2m_2v_2 + (m_1 - m_2)\,v_1}{m_1 + m_2}$$

$$u_2 = \frac{2m_1v_1 + (m_2 - m_1)\,v_2}{m_1 + m_2}$$

Setzt man für den vollkommen unelastischen Stoß zweier Körper im Impulserhaltungssatz $u_1 = u_2 = u$, so erhält man:

$$u = \frac{m_1v_1 + m_2v_2}{m_1 + m_2}.$$

IMPULSÄNDERUNG Stößt ein Körper der relativ kleinen Masse m_1 gegen einen ruhenden Körper sehr großer Masse m_2, z.B. eine Wand, so ergibt sich wegen $m_2 \to \infty$ und $v_2 = 0$:

$$u_1 = \lim_{m_2 \to \infty} \frac{(m_1 - m_2)v_1}{m_1 + m_2} = -v_1 \quad \text{bzw.}$$

$$u_2 = \lim_{m_2 \to \infty} \frac{2m_1 v_1}{m_1 + m_2} = 0.$$

Die Impulsänderung des kleinen Körpers ist dabei
$\Delta I = I_2 - I_1 = m_1 u_1 - m_1 v_1 = -m_1 v_1 - m_1 v_1 = -2 m_1 v_1$.

Kreisbewegung, Zentripetalkraft

GRÖSSEN ZUR KREISBEWEGUNG Bewegt sich ein Körper mit gleichförmiger Bahngeschwindigkeit v auf einer Kreisbahn mit Radius r, so gilt für die Bogenlänge s:

Definition: $\varphi = \frac{s}{r}$ Drehwinkel im Bogenmaß

Einheit: $[\varphi] = \frac{1\,\text{m}}{1\,\text{m}} = 1\,\text{rad}$ (Radiant)

Ist k die Zahl der Umläufe in der Zeit t, so gilt:

Definition: $f = \frac{k}{t}$ Frequenz

Einheit: $[f] = \frac{1}{1\,\text{s}} = 1\,\text{s}^{-1} = 1\,\text{Hz}$ (Hertz)

Für $k = 1$ ist $t = T$ und es heißt:

$$T = \frac{1}{f} \quad \text{Umlaufdauer}$$

Die Änderung des Drehwinkels in der Zeit wird messbar durch

Definition: $\omega = \frac{\varphi}{t}$ Winkelgeschwindigkeit für $\omega = \text{const}$

Allgemeiner ist $\omega = \dot{\varphi}$.

Einheit: $[\omega] = \frac{1\,\text{rad}}{1\,\text{s}} = \frac{1}{\text{s}}$

Für $\varphi = 2\pi$ ist $t = T$ und somit:

$$\omega = \frac{2\pi}{T} = 2\pi f$$

Für $\omega = $ const ist die Bahngeschwindigkeit v dann ebenfalls konstant und es gilt: $v = \frac{s}{t} = \frac{2\pi r}{T} = r\omega$ und auch $s = r\omega t$.

ZENTRIPETALKRAFT UND ZENTRIPETALBESCHLEUNIGUNG
Versuch: Ein mit Hilfe einer Schnur über eine Federwaage an einem Raumpunkt festgehaltener Körper bewegt sich mit konstanter Winkelgeschwindigkeit auf einer horizontalen Kreisbahn. Die Frequenz der Drehung wird verändert, die Kraft an der Federwaage gemessen.

Beobachtung: Der Betrag der Zentripetalkraft $\vec{F}_r$ bleibt zwar gleich, die Richtung ändert sich jedoch ständig; $\vec{F}_r$ ist also nicht konstant.
Offensichtlich wirkt in Richtung von $\vec{F}_r$ die Zentripetalbeschleunigung $\vec{a}_r$, und es gilt nach Newton:
$\vec{F}_r = m \cdot \vec{a}_r$.

Durch zweimaliges koordinatenweises Differenzieren (mit Nachdifferenzieren!) des Ortsvektors

$\vec{r}\,(t) = \begin{pmatrix} r\cos\omega t \\ r\sin\omega t \end{pmatrix}$ nach der Zeit erhält man den Vektor

$\vec{a}\,(t) = \begin{pmatrix} -r\omega^2\cos\omega t \\ -r\omega^2\sin\omega t \end{pmatrix}$; dessen Betrag ist dann

$$a(t) = \sqrt{(-r\omega^2\cos\omega t)^2 + (-r\omega^2\sin\omega t)^2} = r\omega^2 = a$$

$$a = \omega^2 r$$
Betrag der Zentripetalbeschleunigung

$$\Rightarrow F_r = m\omega^2 r = m\frac{v^2}{r}$$
Betrag der Zentripetalkraft

Kepler'sche Gesetze und Newtons Gravitationsgesetz

KEPLER'SCHE GESETZE Aufbauend auf umfangreiche Beobachtungsdaten von Tycho Brahe über Planetenbewegungen, insbesondere des Mars, formulierte Johannes Kepler seine drei Gesetze:

1. Kepler'sches Gesetz:
Die Planetenbahnen sind Ellipsen, in deren einem Brennpunkt die Sonne steht.

Die Ellipse

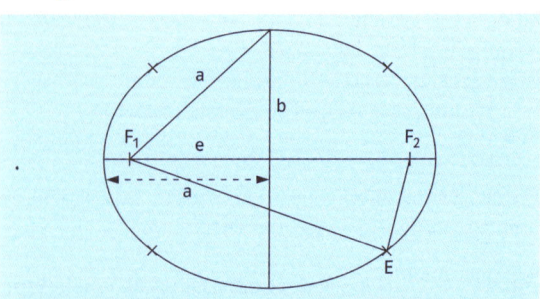

F_1 und F_2 sind die Brennpunkte, a und b die große und die kleine Halbachse, e die Exzentrizität einer Ellipse.
Es gilt: $\overline{F_1E} + \overline{F_2E} = 2a = \text{const}$

Während die Bahnellipsen der Planeten nur wenig von der Kreisbahn abweichen, laufen die Kometen auf sehr lang gestreckten Ellipsen um die Sonne.

2. Kepler'sches Gesetz:
Der Fahrstrahl Sonne–Planet überstreicht in gleichen Zeiten inhaltsgleiche Flächen.

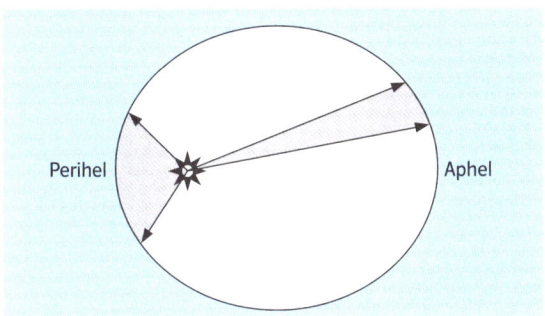

Der Planet hat also in Sonnennähe eine höhere Umlaufgeschwindigkeit als in Sonnenferne.

3. Kepler'sches Gesetz:
Die Quadrate der Umlaufzeiten zweier Planeten verhalten sich wie die dritten Potenzen ihrer großen Halbachsen:

$$\frac{T_1^2}{T_2^2} = \frac{a_1^3}{a_2^3} = \text{const}$$

Dabei wird vorausgesetzt, dass die umlaufenden Körper gegenüber dem Zentralkörper eine sehr kleine Masse besitzen.

Erd-Satelliten

Das Fernsehgerät ist heutzutage sicher einer der wichtigsten Einrichtungsgegenstände für fast jeden Haushalt. Wer nicht ans Kabel angeschlossen ist, benützt zum Empfang der Sender meist eine „Satellitenschüssel". Diese Art Antenne ist bekanntlich am Haus fest installiert und schaut unentwegt zum Himmel. Was „sieht" sie dort?

Damit Fernsehsignale rund um die Uhr ohne ständige Nachführung gesendet und empfangen werden können, muss ein TV-Satellit an einem festen Punkt am Himmel „stehen". Das gleiche gilt für Wettersatelliten, die ständig den gleichen Ausschnitt der Erde beobachten sollen. Welche Eigenschaften müssen solche „geostationären" Satelliten haben?

Damit ein geostationärer Satellit stets am selben Punkt des Himmels zu stehen scheint, muss er sich erstens ebenso wie jeder Punkt der Erdoberfläche in 24 Stunden einmal auf einer geschlossenen Kreisbahn um die Erdachse drehen. Da er sich zweitens dabei aber nach dem 1. Kepler'schen Gesetz um den Schwerpunkt der Erde, also den Erdmittelpunkt, bewegen muss, kann er nur über dem Äquator kreisen.

Auf die Kreisbahn wird der Satellit durch die Gravitationskraft der Erde gezwungen. Deswegen gilt:

$$F_r = F_G \ \Rightarrow \ m \cdot \frac{4\pi^2}{T_E^2} \cdot r = G \frac{m \cdot m_E}{r^2} \ \Rightarrow \ r = \sqrt[3]{\frac{G m_E T_E^2}{4\pi^2}}$$

$$r = \frac{\sqrt[3]{6{,}673 \cdot 10^{-11}\,\text{m}^3 \cdot 5{,}977 \cdot 10^{24}\,\text{kg} \cdot (86\,400\,\text{s})^2}}{\text{kg}\,\text{s}^2} \cdot \frac{1}{4\pi^2} \ \Rightarrow$$

$$r = 42\,250\,\text{km} \ \Rightarrow \ h = r - r_E = 35\,882\,\text{km}$$

Der Satellit bewegt sich also in rund 36000 km Höhe mit einer Bahngeschwindigkeit von 3 km s^{-1} von West nach Ost. Da ständig Störfaktoren wie z. B. die Abweichungen der Erde von der Kugelform auf ihn einwirken, muss seine Bahn fortlaufend korrigiert werden. Deswegen begrenzt die Menge des mitgeführten Treibstoffs die Lebensdauer des Satelliten. Zur Zeit befinden sich weltweit etwa 230 Satelliten auf geostationären Bahnen, d. h. im Mittel haben sie voneinander einen Abstand von 1160 km.

Einer dieser 230 ist der Wettersatellit Meteosat-8, der über dem Schnittpunkt von Äquator und Null-Meridian steht. Er rotiert 100 mal pro Minute um sich selbst und scannt dabei zeilenweise Afrika, den Ost-Atlantik und Europa. Dabei liefert er alle 15 Minuten ein multispektrales Bild im sichtbaren und im Infrarotbereich. Damit kann das Wettergeschehen inklusive einer Abschätzung des Wasserdampfgehaltes in verschiedenen Höhenschichten der Atmosphäre erfasst werden.

Ganz andere Anforderungen werden an die Satelliten eines Navigationssystems, z. B. GPS („Global Positioning System") gestellt. Da zur Positionsbestimmung eines Empfängers, der keine eigene Atomuhr besitzt, vier Satelliten nötig sind, sollten zu jedem Zeitpunkt von jedem Ort auf der Erde mindestens vier Satelliten „sichtbar" sein. Tatsächlich sind es wesentlich mehr, da sich zur Zeit über 30 NAVSTARs im Orbit befinden. Diese bewegen sich von außen gesehen auf gleichmäßig im Raum verteilten, konstanten Kreisbahnen um den Erdmittelpunkt. Da sich die Erde jedoch unter ihnen durchdreht, wechseln sie von der Erde aus gesehen ständig ihre Position und befinden sich nur einmal pro (Sternen-)Tag über demselben Punkt der Erde.

NEWTONS GRAVITATIONSGESETZ Ausgehend von der Kraft, die den Mond auf seiner Bahn um die Erde hält, übertrug Isaac Newton seine Betrachtung auf die Planeten.

Für den Betrag der Zentripetalkraft $\vec{F}$, die einen Planeten der Masse m auf die Kreisbahn mit Radius r zwingt, gilt unter Einbeziehung des 3. Kepler'schen Gesetzes:

$$F_r = m\,\omega^2 r = m \cdot \frac{4\,\pi^2}{T^2} \cdot r$$

$$= m \cdot \frac{4\,\pi^2}{r^3 \cdot \text{const}} \cdot r$$

$$= \frac{4\,\pi^2}{\text{const}} \cdot \frac{m}{r^2}.$$

Es ist also $F_r \sim \dfrac{m}{r^2}$. Daraus schloss Newton, dass F_r die gleiche Kraft sein muss, die auf der Erdoberfläche fallende Körper beschleunigt. Er folgerte, dass Körper die Eigenschaft haben, sich gegenseitig anzuziehen: **Gravitation**.

Ziehen sich zwei Körper der Massen m_1 und m_2 und dem Abstand r gegenseitig an, so gilt also:

$$\left.\begin{array}{l} F \sim m_1 \\ F \sim m_2 \\ F \sim \frac{1}{r^2} \end{array}\right\} \;\Rightarrow\; F \sim \frac{m_1 \cdot m_2}{r^2} \;\Rightarrow\; F = G \cdot \frac{m_1 \cdot m_2}{r^2}$$

Gravitationsgesetz

$G = 6{,}673 \cdot 10^{-11}\,\text{m}^3\,\text{kg}^{-1}\,\text{s}^{-2}$ heißt Gravitationskonstante.

Mechanik

2   Mechanische Schwingungen und Wellen

QUICK-FINDER

Harmonische Schwingung, Schwingungsdauer

HARMONISCHE SCHWINGUNG Definition:
Eine Schwingung, bei der die rücktreibende Kraft in jeder Phase direkt proportional zur Auslenkung ist, heißt harmonische Schwingung.

Beispiele: Federpendel, Fadenpendel (für kleine Auslenkungen), Wassersäule im U-Rohr

Versuch: Projiziert man einen Körper, der sich mit konstanter Winkelgeschwindigkeit auf einer Kreisbahn bewegt, auf eine zur Bahnebene senkrechte Ebene, so bewegt sich der Schatten wie ein Federpendel. Stellt man diese Schwingung über der Zeit dar, so erhält man eine Sinuskurve.

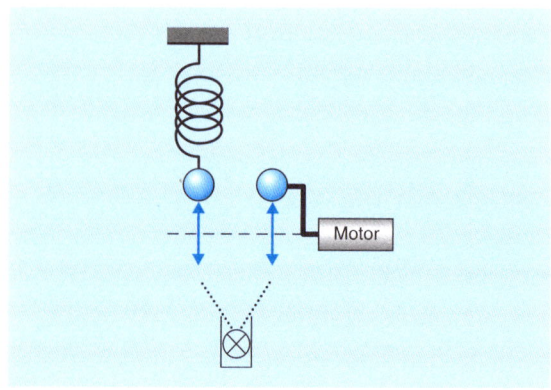

Ergebnis: Eine harmonische Schwingung kann durch eine Sinus-Funktion beschrieben werden. Ist A die Amplitude und

$\varphi(0) = \varphi_0$, so folgt: $\left. \begin{array}{l} y(\varphi) = A \sin(\varphi + \varphi_0) \\ \varphi = \omega t \end{array} \right\} \Rightarrow$

2

$$y(t) = A \sin(\omega t + \varphi_0) \quad \textbf{Weg-Zeit-Gesetz}$$

$y(t)$ heißt **Elongation**; A ist also die maximale Elongation.

MECHANISCHER OSZILLATOR **Versuch**: Ein schwingungsfähiges System oder Oszillator besteht z.B. aus zwei Schraubenfedern und einer in der Waagrechten reibungsfrei beweglichen Masse (siehe Skizze). Verschiebt man die Masse aus der Ruhelage und spannt so die Federn, so kommt nach dem Loslassen infolge der Trägheit der Masse eine Schwingung zustande.

Mechanischer Oszillator

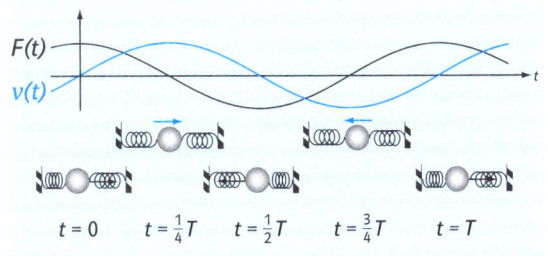

Beobachtung: Die Zeitpunkte der größten Spannung der Federn und der höchsten Geschwindigkeit der Masse sind um ein Viertel der Schwingungsdauer versetzt, die potentielle Energie der gespannten Federn wechselt periodisch mit der kinetischen Energie der Pendelmasse: $\Delta \varphi = \frac{\pi}{2}$

Vernachlässigt man die Reibung und somit Wärmeverluste, so ist nach dem Energieerhaltungssatz:

$$E_p(t) + E_k(t) = E = \text{const} \Rightarrow \tfrac{1}{2}Dx^2 + \tfrac{1}{2}mv^2 = \text{const} \Rightarrow$$

nach Differentiation (nachdifferenzieren!):

$$\tfrac{1}{2} \cdot D \cdot 2\,x \cdot \dot{x} + \tfrac{1}{2} \cdot m \cdot 2\,v \cdot \dot{v} = 0 \Rightarrow$$

wegen $\dot{x} = v$ und $\dot{v} = a$:

$$D \cdot x \cdot v + m \cdot v \cdot a = 0 \Rightarrow$$
$$Dx + ma = 0 \quad \text{oder} \quad Dx + m\ddot{x} = 0$$

Setzt man $x(t) = x_0 \cos(\omega t + \varphi_0)$
und $\ddot{x}(t) = -x_0 \omega^2 \cos(\omega t + \varphi_0)$
in die letzte Gleichung ein, so erhält man

$$Dx_0 \cos(\omega t + \varphi_0) - mx_0 \omega^2 \cos(\omega t + \varphi_0) = 0$$

sowie nach Ausklammern

$$(D - m\omega^2)x_0 \cos(\omega t + \varphi_0) = 0.$$

Dies ist nur für $D - m\omega^2 = 0$ stets erfüllbar
$\Rightarrow \omega = \sqrt{\frac{D}{m}} \Rightarrow f = \frac{1}{2\pi}\sqrt{\frac{D}{m}} \Rightarrow T = 2\pi\sqrt{\frac{m}{D}}$

Definition: T heißt Schwingungsdauer, $f_0 = \frac{1}{T}$ heißt Eigenfrequenz eines harmonisch schwingenden Systems.

ω, f und T sind von der Amplitude unabhängig.

Transversalwellen; Interferenz; stehende Wellen

TRANSVERSALWELLEN **Versuch:** Der Anfang eines ausgebreiteten Seiles oder einer langen Schraubenfeder wird gleichmäßig hin und her bewegt. Man beobachtet das Entstehen einer Welle.

Denkt man sich das Seil in kleinste Teilchen aufgeteilt, so kann man die Welle durch Schwingungen jedes Teilchens erklären, die zeitlich verzögert auf benachbarte Teilchen übertragen werden. Die Teilchen sind elastisch aneinander gekoppelt und schwingen quer zur Ausbreitungsrichtung (Transversalwelle). Der Eindruck der Ausbreitung der Welle wird durch die sich mit einem Phasenunterschied $\Delta\varphi$ fortpflanzenden Zustände der Elongation hervorgerufen. Besonders fallen dabei die Zustände maximaler Elongation A auf.

PHASENGESCHWINDIGKEIT **Definition:** Die Geschwindigkeit, mit der sich ein bestimmter Zustand der Elongation in der Welle ausbreitet, heißt Phasengeschwindigkeit c. Der kürzeste Abstand zweier Teilchen in gleicher Phase heißt Wellenlänge λ. In einer fortschreitenden Welle schwingen alle Teilchen mit gleicher Amplitude, erreichen diese aber nacheinander. Da sich die Welle ausbreitet, muss in der Welle Energie transportiert werden; dies geschieht mit der Geschwindigkeit

$$c = \frac{\lambda}{T} \implies$$

$$c = \lambda f \quad \text{Phasengeschwindigkeit}$$

WELLENGLEICHUNG Ist die anregende Schwingung harmonisch, so schwingt jedes Teilchen harmonisch, und die Welle ist sinusförmig.

Gibt x die Ausbreitungsrichtung der Welle und y die Richtung der schwingenden Teilchen an, so bleiben weiter in x-Richtung befindliche Teilchen in der Phase $\Delta\varphi$ zurück und es ist wegen

$$\frac{\Delta\varphi}{x} = -\frac{2\pi}{\lambda} \colon \ y(x,\,t) = A\sin(\omega\,t + \Delta\varphi)$$

$$= A\sin\left(\frac{2\pi t}{T} - \frac{2\pi x}{\lambda}\right) \ \Rightarrow$$

Wellengleichung $y(x,\,t) = A\sin 2\pi\left(\dfrac{t}{T} - \dfrac{x}{\lambda}\right)$

BEWEGUNG BEI WASSERWELLEN Versuch: In einer Wellenwanne regt ein auf und ab schwingender Stift die Wassermoleküle zu Schwingungen an, die sich – nicht harmonisch – in konzentrischen Kreisen ausbreiten (System von Kreiswellen). Ordnet man eine zunehmende Zahl von Stiften in einer Linie an, so erhält man schließlich eine ebene Welle.

Versuch: Eine ebene Wasserwelle läuft auf ein zu ihren Fronten paralleles Hindernis mit einer Öffnung zu. Die Größe dieser Blende wird variiert, die Wasseroberfläche dahinter beobachtet.

Beobachtung: Bei kleiner werdender Blende zeigen sich an den Rändern der durchtretenden Welle zunehmend Teile von Kreiswellen. Erreicht die Blendenöff-

2

nung die Größe der Wellenlänge, so entsteht hinter der Blende ein Kreiswellensystem mit der Öffnung als Zentrum und gleicher Wellenlänge und Ausbreitungsgeschwindigkeit.

Merke: Die beobachtete Erscheinung, im Prinzip also das Hineinreichen der durch die Blende tretenden Welle in den „Schattenraum", bezeichnet man als Beugung.

INTERFERENZEN VON WASSERWELLEN **Versuch:** Zwei phasengleich schwingende Stifte von nicht zu großem Abstand erzeugen zwei Systeme von Kreiswellen.

Interferenz von Kreiswellen

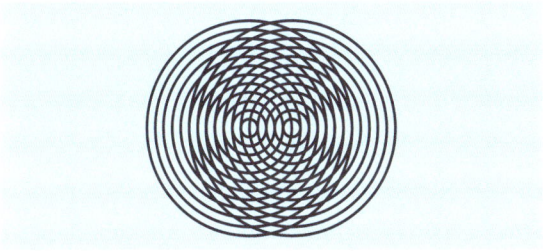

Beobachtung: Die beiden Kreiswellen breiten sich unabhängig voneinander aus, sie überlagern sich. Es entstehen Zonen mit Wellen größerer Amplitude sowie Zonen der Ruhe. Die Zonen haben die Form von Hyperbelästen (mit den Erregern als Brennpunkten).

Die Überlagerung von Wellensystemen sowie die dabei auftretenden Erscheinungen bezeichnet man als **Interferenz.**

MAXIMUM UND MINIMUM Bis zu einem bestimmten Punkt der Wellenfläche haben die Wellen von den beiden Zentren der Anregung aus im Allgemeinen verschieden lange Wege zurückgelegt. Die Differenz der beiden Weglängen heißt Gangunterschied Δs.

Interferenz

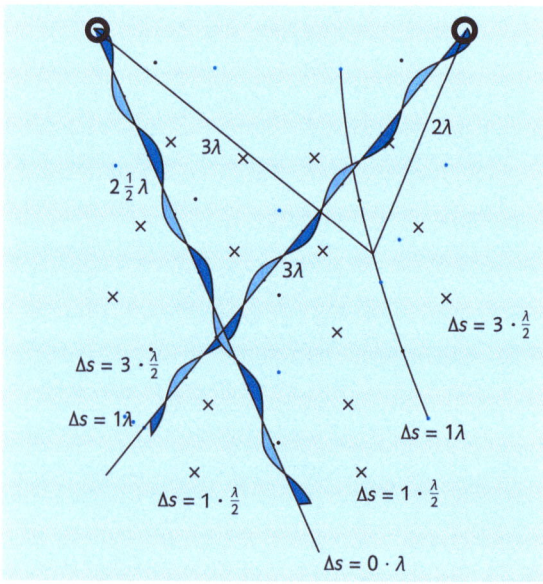

Ist Δs ein ganzzahliges Vielfaches von λ, so verstärken sich die beiden interferierenden Wellen wegen $\Delta\varphi = 0$.

$$\Rightarrow\ |\Delta s| = k\lambda = 2k \cdot \frac{\lambda}{2},\ k \in \mathbb{N}_0 \quad \text{Bedingung für Maxima}$$

Ist Δs ein ungeradzahliges Vielfaches von $\frac{\lambda}{2}$, so löschen sich die beiden interferierenden Wellen wegen $|\Delta\varphi| = k\pi$ aus

$\Rightarrow |\Delta s| = (2k-1) \cdot \frac{\lambda}{2}, \ k \in \mathbb{N}$ **Bedingung für Minima**

Achtung: Minima bedeutet bei Wasserwellen, dass keine Auslenkung erfolgt; der Begriff darf nicht mit Stellen größter Elongation nach unten verwechselt werden, denn diese zählen zu den Maxima!

STEHENDE WELLEN **Versuch:** Wird das Ende des ausgebreiteten Seiles bzw. der langen Schraubenfeder befestigt und der obige Versuch wiederholt, so wird die Welle am festen Ende reflektiert und interferiert mit der ankommenden Welle. Wählt man eine geeignete Anregungsfrequenz, so kann sich eine stehende Welle ausbilden. Die entsprechende Erscheinung erhält man in der Wellenwanne, wenn eine ebene Welle an einem zu ihr parallelen, ebenen und im Abstand eines ganzzahligen Vielfachen der Wellenlänge befindlichen Hindernis reflektiert wird.

Bäuche bzw. Knoten der stehenden Welle haben untereinander jeweils den Abstand $\frac{\lambda}{2}$.

In einer stehenden Welle schwingen die Teilchen mit festen, aber gegenüber anderen Teilchen unterschiedlichen Amplituden. Die stehende Welle scheint in Ruhe zu sein. In ihr erfolgt kein Energietransport.

Erzwungene Schwingungen, Resonanz

ERZWUNGENE SCHWINGUNGEN Von erzwungenen Schwingungen spricht man, wenn ein schwingfähiges System mit der Eigenfrequenz f_0 – ein Oszillator – von einem anderen Oszillator mit der veränderlichen Frequenz $f(t)$ angeregt wird; z.B. setzt ein regelbarer Motor über eine Kurbelwelle ein Federpendel in Schwingung:

Mechanischer Oszillator

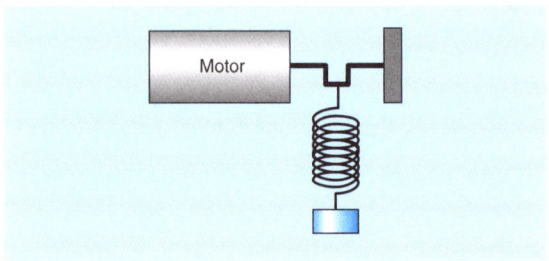

RESONANZ Bei ruhendem Motor bestimmt man zunächst die Eigenfrequenz f_0 des frei schwingenden Federpendels durch Messung der Zahl der Schwingungen pro Zeiteinheit. Dann erhöht man die Frequenz des Motors und damit der Kurbel sehr langsam. Hat sich das Pendel jeweils eingeschwungen, so bestimmt man die Frequenz des Motors sowie die Amplitude $A(f)$ des Pendels und trägt beides in ein f-$A(f)$-Diagramm ein. Außerdem achtet man auf die Phasen von Kurbel und Pendel. Der Versuch wird bei anderer Dämpfung wiederholt. Es zeigt sich:

- Für $f(t) \ll f_0$ sind Kurbel und Pendel in Phase, die Amplitude des Pendels ist kaum größer als diejenige der Kurbel.
- Für $f(t) = f_0$ sind Kurbel und Pendel um $\frac{\pi}{2}$ gegeneinander versetzt, die Amplitude ist maximal: „Resonanz".
- Für $f(t) \gg f_0$ sind Kurbel und Pendel um π gegeneinander versetzt, also gegenphasig, die Amplitude strebt gegen Null.
- Je schwächer die Dämpfung, desto „schärfer" die Resonanz, desto größer auch die maximale Amplitude.

Resonanzkurve

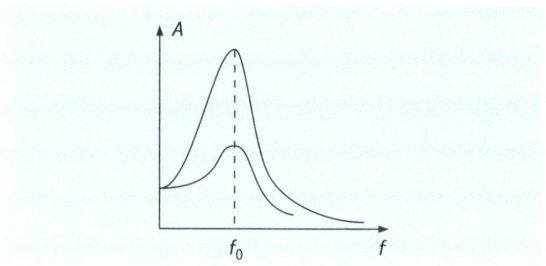

Im Resonanzfall ist die Energieübertragung vom anregenden auf den angeregten Oszillator maximal.

Resonanz bzw. deren Dämpfung spielen in vielen technischen Anwendungen eine Rolle, besonders jedoch in der Akustik. Wird die Dämpfung stark herabgesetzt, so kann im Resonanzfall die Amplitude so groß werden, dass das Material überfordert ist und bricht: „Resonanzkatastrophe".

Mechanik

3 Thermodynamik des idealen Gases

QUICK-FINDER

Der 1. Hauptsatz der Wärmelehre ▶

Molekülgröße und Avogadro-Konstante

ÖLFLECKVERSUCH Man füllt destilliertes Wasser in eine große Schale und bestreut die Wasseroberfläche mit Bärlappsporen (Lykopodium). Durch Verdünnung einer bekannten Menge Ölsäure $C_{17}H_{33}COOH$ und Austropfenlassen aus einer Pipette bestimmt man das Volumen der Ölsäuremenge, die sich in einem Tropfen Verdünnung befindet. Nun lässt man zunächst einen, später einen zweiten Tropfen Lösung auf die präparierte Wasseroberfläche fallen.

Beobachtung: Der Tropfen verteilt sich auf der Wasseroberfläche etwa kreisförmig, die Fläche verkleinert sich unmittelbar nach dem Auftreffen etwas.

Erklärung: Das Verdünnungsmittel verdampft sehr schnell, nur die Ölsäure bleibt übrig.

Messung: Man bestimmt die Durchmesser der Ölflecke von einem bzw. zwei Tropfen und berechnet die Inhalte der (angenäherten) Kreisflächen.

Ergebnis: Der Flächeninhalt von zwei Öltropfen ist doppelt so groß wie der von einem Öltropfen.

Folgerung: Die Ölsäure breitet sich so aus, dass keine Moleküle mehr übereinander liegen bleiben (mono-molekulare Schicht). Die Ölsäure im Tropfen bildet im Ölfleck also in grober Näherung einen Zylinder mit dem Moleküldurchmesser als Höhe.

Ergebnis: Nimmt man die Moleküle als würfelförmig an, so berechnet man einen Moleküldurchmesser von etwa 10^{-9} m. Teilt man das Molekülvolumen noch durch die Anzahl der Atome im Molekül, so erhält man für den mittleren Atomdurchmesser etwa $3 \cdot 10^{-10}$ m.

3

STOFFMENGE UND AVOGADRO-KONSTANTE Definition: Die Einheit der Stoffmenge n eines Systems aus genau so vielen gleichartigen Teilchen (Atome, Moleküle, Ionen etc.), wie Atome in $12\,g$ Kohlenstoff $^{12}_{6}C$ enthalten sind, heißt 1 Mol (mol).

Definition: Die Anzahl der Teilchen in $1\,kmol$ heißt Avogadro-Konstante N_A.

Einheit: $[N_A] = 1\,kmol^{-1}$

Ist N die Teilchenzahl einer Stoffmenge n, so gilt:
$N = N_A \cdot n$

Definition: Ist m die Masse und n die Stoffmenge eines Körpers, so heißt

$$M_m = \frac{m}{n} \quad \text{molare Masse}$$

Einheit: $[M_m] = 1\,\frac{g}{mol} = 1\,\frac{kg}{kmol}$

Eliminiert man n aus den beiden Gleichungen, erhält man

$$\frac{N}{N_A} = \frac{m}{M_m} \implies m_i = \frac{m}{N} = \frac{M_m}{N_A} \quad \text{(Masse eines Teilchens)}$$

Einheit: $[m_i] = 1\,u = \frac{1}{12}\,m_{^{12}_6 C}$ (atomare Masseneinheit)

Definition: $M_r = \dfrac{m_i}{u} = \dfrac{M_m}{\frac{kg}{kmol}}$ relative Molekülmasse

$$M_m = M_r\,\frac{kg}{kmol} \quad \text{molare Masse}$$

Zustandsgleichung des idealen Gases

GESETZ VON GAY-LUSSAC Versuch: In einer einseitig verschlossenen, lotrecht angebrachten Röhre wird ein Luftvolumen V_0 durch einen reibungsfrei beweglichen Kolben (z.B. durch einen Quecksilberfaden) luftdicht abgetrennt. Das abgeschlossene Luftvolumen wird (z.B. im Wasserbad) erwärmt oder abgekühlt, seine Celsius-Temperatur ϑ gemessen; über eine Längenmessung kann sein Volumen berechnet werden. Der Luftdruck bleibt konstant (isobare Zustandsänderung). In weiteren Versuchen wird V_0 sowie die Art des Gases verändert.

Beobachtung: Das abgeschlossene Luftvolumen dehnt sich bei Erwärmung aus und umgekehrt.

Auswertung:

$$\left.\begin{array}{l} \Delta V \sim \Delta\vartheta \\ \Delta V \sim V_0 \end{array}\right\} \;\Rightarrow\; \Delta V \sim V_0 \cdot \Delta\vartheta \;\Rightarrow\; \frac{\Delta V}{\Delta\vartheta} = \gamma \cdot V_0,\; \gamma = \frac{1}{273\,K}$$

Für $\Delta V = V - V_0$ und $\Delta\vartheta = \vartheta - 0\,°C$ erhält man die Geradengleichung $V = V_0\gamma \cdot \vartheta + V_0$. Für viele Gase schneidet diese Gerade die ϑ-Achse theoretisch bei $\vartheta = -273\,°C$, dort wäre $V = 0$.

Definition: $\dfrac{T}{K} = \dfrac{\vartheta}{°C} + 273$ absolute Temperatur T

Die Gerade mit der Gleichung $V = V_0 \gamma \cdot T$ geht dann durch den Ursprung, und es ist

3

$\dfrac{V}{T}$ = const für p = const   **Gesetz von Gay-Lussac**

GESETZ VON BOYLE UND MARIOTTE **Versuch:** In einer einseitig verschlossenen, waagrecht gelagerten Röhre wird ein Luftvolumen durch einen reibungsfrei beweglichen Kolben (z.B. durch eine Stahlkugel) luftdicht abgetrennt. Auf der anderen Seite des Kolbens wird der Luftdruck (z.B. durch eine Pumpe) verändert und gemessen. Das abgeschlossene Luftvolumen kann über eine Längenmessung berechnet werden. Der Versuch läuft so langsam ab, dass sich die absolute Temperatur T stets an die Umgebung angleichen kann, also konstant bleibt (isotherme Zustandsänderung).

Beobachtung: Der Kolben erlaubt bei Druckerniedrigung eine Ausdehnung des abgeschlossenen Luftvolumens und umgekehrt.

Auswertung:
$p \cdot V$ = const für T = const
Gesetz von Boyle und Mariotte

ALLGEMEINES GASGESETZ **Gedankenversuch:** Der Zustand 1 einer abgeschlossenen Gasmenge (Volumen V_1, Temperatur T_1, Druck p_1) wird in zwei Schritten verändert:

1. Schritt: Isobare Zustandsänderung (z.B. expandiert das Gas durch Erwärmung)

$$\left. \begin{array}{l} p_1 = p\text{'} \\ \Rightarrow \quad V_1 \to V\text{'} \\ T_1 \to T\text{'} \end{array} \right\} \Rightarrow \quad \frac{V\text{'}}{T\text{'}} = \frac{V_1}{T_1}$$

2. Schritt: Isotherme Zustandsänderung (z.B. erhöht sich der Druck durch langsame Kompression)

$$\left. \begin{array}{l} T\text{'} = T_2 \\ \Rightarrow \quad V\text{'} \to V_2 \\ p\text{'} \to p_2 \end{array} \right\} \Rightarrow \quad p_2 V_2 = p\text{'} V\text{'}$$

Eliminiert man $V\text{'}$ aus den Gleichungen und setzt $T\text{'} = T_2$, so erhält man $\frac{p_1 V_1}{T_1} = \frac{p_2 V_2}{T_2}$ oder

$$\frac{pV}{T} = \text{const} \quad \textbf{Allgemeines Gasgesetz oder}$$
Zustandsgleichung des idealen Gases (1. Form)

Definition: Ein Gas, das dem Allgemeinen Gasgesetz gehorcht, heißt ideales Gas.

GESETZ VON AMONTONS Als dritter Spezialfall des Allgemeinen Gasgesetzes ergibt sich die isochore Zustandsänderung:

$\frac{p}{T} = \text{const}$ für $V = \text{const}$ Gesetz von Amontons

V-p-DIAGRAMME Das Allgemeine Gasgesetz müsste im dreidimensionalen Koordinatensystem dargestellt werden, doch begnügt man sich üblicherweise mit dem V-p-Diagramm:

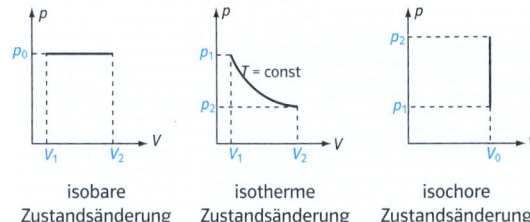

| isobare Zustandsänderung | isotherme Zustandsänderung | isochore Zustandsänderung |

UNIVERSELLE GASGLEICHUNG Variiert man zusätzlich auch die Menge des Gases, also die Teilchenzahl N, so gilt $V \sim N$ und es ist für $\frac{p}{T} = $ const:

$$\frac{p}{T} \cdot V \sim N \implies \frac{p}{T} \cdot V = N \cdot k \implies$$

$pV = NkT$ Universelle Gasgleichung oder
Zustandsgleichung des idealen Gases (2. Form)

Definition: $k = \dfrac{p_0 V_{\mathrm{kmol}}}{N_A T_0}$ heißt Boltzmann-Konstante

Einheit: $[k] = 1\frac{\mathrm{J}}{\mathrm{K}}$

Definition: $R = k \cdot N_A$ heißt allgemeine Gaskonstante

Einheit: $[R] = 1\frac{\mathrm{J}}{\mathrm{K \cdot kmol}}$

$pV = nRT$
Zustandsgleichung des idealen Gases (3. Form)

Grundgleichung der kinetischen Gastheorie

BROWN'SCHE MOLEKULARBEWEGUNG **Versuch:** Man betrachtet (in einer Rauchkammer) von der Seite beleuchtete Rauchteilchen durch ein Mikroskop. Man verändert die Temperatur der Luft.

Beobachtung: Die Rauch-„Cluster" führen höchst unregelmäßige Bewegungen aus. Bei höherer Temperatur werden die Bewegungen heftiger.

Folgerungen: Die Rauch-„Cluster" werden von den unsichtbaren Molekülen der Luft angestoßen, deren Existenz damit nachgewiesen ist. Steigt die Lufttemperatur, so werden die Luftmoleküle schneller.

IDEALES GAS Mit Hilfe folgender – die Allgemeinheit einschränkender – Grundannahmen kann für ein ideales einatomiges Gas hergeleitet werden, dass die Temperatur als Bewegung seiner Teilchen gedeutet werden muss (kinetische Gastheorie):

1. Der mittlere Abstand der Gasatome ist wesentlich größer als ihr Durchmesser.
2. Zwischen den Gasatomen existieren keine anziehenden oder abstoßenden Kräfte, sie bewegen sich zwischen zwei Stößen also geradlinig und gleichförmig.
3. Die Gasatome werden untereinander und insbesondere an der Behälterwand elastisch reflektiert.
4. Bei ihrer Bewegung in idealer Unordnung fliegen die Gasatome mit allen möglichen Geschwindigkeiten ohne Bevorzugung einer Richtung durcheinander (Isotropie) und sind statistisch über das Behältervolumen verteilt (Homogenität).

> ## Ergebnis $p = \frac{1}{3}\rho\,\overline{v^2}$
>
> ### Grundgleichung der kinetischen Gastheorie

p: Druck im Modellgas
ϱ: Dichte des Modellgases
$\overline{v^2}$: mittleres Geschwindigkeitsquadrat

Dabei ist zu unterscheiden:

$$\overline{v^2} = \frac{N_1 v_1^2 + N_2 v_2^2 + \dots}{N_1 + N_2 + \dots} = \frac{1}{N}\sum_i N_i v_i^2 \qquad \text{\color{blue}Mittleres Geschwindigkeitsquadrat}$$

$$\overline{v}_2 = \left(\frac{N_1 v_1 + N_2 v_2 + \dots}{N_1 + N_2 + \dots}\right)^2 = \left(\frac{1}{N}\sum_i N_i v_i\right)^2 \qquad \text{\color{blue}Quadrat der mittleren Geschwindigkeit}$$

Es gilt: $\overline{v} = 0{,}92\sqrt{\overline{v^2}}$.

MITTLERE KINETISCHE ENERGIE Ist m die Masse des Gases im betrachteten Volumen V, m_a die Masse eines Gasteilchens und N deren Zahl, so ist

$$p = \frac{1}{3}\varrho\overline{v^2} = \frac{1}{3}\cdot\frac{m}{V}\cdot\overline{v^2} = \frac{1}{3}\cdot\frac{N\cdot m_a}{V}\cdot\overline{v^2}\cdot\frac{2}{2} = \frac{N}{V}\cdot\frac{2}{3}\cdot\frac{m_a}{2}\overline{v^2},$$

also $\quad p\cdot V = N\cdot\frac{2}{3}\cdot\overline{E_k}\quad$ mit

$$\overline{E_k} = \frac{m_a}{2}\overline{v^2}\quad \text{\color{blue}Mittlere kinetische Energie eines Gasteilchens}$$

Da andererseits $p\cdot V = N\cdot k\cdot T$ gilt, folgt $N\cdot\frac{2}{3}\cdot\overline{E_k} = NkT$ und somit $\quad\overline{E_k} = \frac{3}{2}kT \Rightarrow E_k \sim T$.
Die mittlere kinetische Energie eines Gasteilchens ist der absoluten Temperatur des Gases direkt proportional.

Der 1. Hauptsatz der Wärmelehre

ÄNDERUNG DER INNEREN ENERGIE Während die konstante Gesamtenergie eines abgeschlossenen mechanischen Systems in potentielle und kinetische Energien aufgeteilt werden kann, spricht man bei abgeschlossenen thermischen Systemen nur von der konstanten inneren Energie U. Die innere Energie kann z. B. verändert werden, indem man eine Wärmemenge ΔQ zu- oder abführt oder indem man am System eine mechanische Arbeit ΔW verrichtet oder eine solche vom System verrichten lässt. Dann lautet der 1. Hauptsatz der Wärmelehre:

$$\Delta U = \Delta Q + \Delta W$$

ΔU: Änderung der inneren Energie
ΔQ: Zufuhr ($\Delta Q > 0$) oder Abgabe ($\Delta Q < 0$) von Wärme
ΔW: Verrichtung von mechanischer Arbeit am System ($\Delta W > 0$) oder durch das System ($\Delta W < 0$)

Mit dem 1. Hauptsatz der Wärmelehre wird also der Energietransport über die Grenzen eines Systems beschrieben. Bezüglich des Vorzeichens stellt man sich dabei auf den „Standpunkt" des Gases.

ÄNDERUNG DER INNEREN ENERGIE GLEICH NULL Ist $\Delta U = 0$, so kann das bedeuten, dass ein solcher Transport nicht stattfindet. Dann ist das System abgeschlossen und es gilt in ihm der Energieerhaltungssatz; die absolut enthaltene Energie ist dabei ohne Bedeutung. $\Delta U = 0$ kann aber auch bedeuten, dass nach mehreren Zustandsänderungen eines Systems sich der ursprüngliche Zustand wieder einstellt. Die Folge solcher Zustandsänderungen heißt dann Kreisprozess.

ABHÄNGIGKEIT VON DER ABSOLUTEN TEMPERATUR   Nun wird speziell ein ideales Gas betrachtet, in dem also $p \cdot V = N \cdot k \cdot T$ gilt:

Wegen der Idealisierungen hat die Änderung der inneren Energie ΔU ausschließlich eine Änderung der kinetischen Energie der Gasteilchen zur Folge. Also besteht die Gesamtenergie U eines Systems aus der Summe der kinetischen Energien seiner N Teilchen:

$$\left. \begin{aligned} U = \sum_i E_{ki} = N \cdot \overline{E_k} \\ \overline{E_k} = \frac{3}{2} kT \end{aligned} \right\} \;\Rightarrow\; U = N \cdot \frac{3}{2} \cdot k \cdot T$$

**Innere Energie
eines idealen Gases**

Daraus ergibt sich unmittelbar $\Delta U = N \cdot \frac{3}{2} \cdot k \cdot \Delta T$ als *Änderung* der inneren Energie eines idealen Gases.

ISOCHORE ZUSTANDSÄNDERUNG   Ein stabiler Behälter ($V_1 = V_2$) mit dem Gas befinde sich z.B. in einem Wasserbad, das erwärmt oder abgekühlt wird. Es wird also weder vom noch am System Arbeit verrichtet, denn diese würde eine Volumenänderung bewirken. Deshalb ändert die Zufuhr oder Abgabe von Wärme ausschließlich die innere Energie des Systems, es gilt:

$$\Delta U = \Delta Q \quad \text{Isochore Zustandsänderung}$$
$$\text{bei } V = \text{const}$$

Die Druckänderung berechnet sich nach der Formel

$$\frac{p_1}{T_1} = \frac{p_2}{T_2} = \frac{\Delta p}{\Delta T}.$$

ISOBARE ZUSTANDSÄNDERUNG Das Gas befinde sich in einem Behälter der Querschnittsfläche A, der mit einem reibungsfrei beweglichen Kolben (z.B. Quecksilberpfropfen) abgeschlossen ist ($p_1 = p_2$), und wird z.B. durch ein Wasserbad erwärmt oder abgekühlt. Vergrößert oder verkleinert sich dann das Volumen, weil der Kolben infolge der Kraft F dem Innen- oder Außendruck nachgibt, so wird die Expansions- oder Kompressionsarbeit $\Delta W = -F \cdot \Delta x = -p \cdot A \cdot \Delta x = -p \cdot \Delta V$ verrichtet. Daher ist

$$\Delta U = \Delta Q - p\Delta V \quad \begin{array}{l}\text{Isobare Zustandsänderung}\\ \text{bei } p = \text{const}\end{array}$$

Wegen $p\,\Delta V = Nk\,\Delta T$ ist dann auch $\Delta W = -Nk\,\Delta T$, und mit $\Delta U = \frac{3}{2}Nk\Delta T$ gilt:
$$\frac{3}{2}Nk\,\Delta T = \Delta Q - Nk\,\Delta T \quad \Rightarrow \quad \Delta Q = \frac{5}{2}Nk\,\Delta T$$

Es folgt: Z.B. zugeführte Wärme dient zur Erhöhung der inneren Energie und zur Verrichtung von Expansionsarbeit.

Die Volumenänderung berechnet sich nach der Formel $\Delta V = \dfrac{Nk\,\Delta T}{p}$.

ISOTHERME ZUSTANDSÄNDERUNG Das Gas befinde sich in einem Behälter, der mit einem reibungsfrei beweglichen Kolben abgeschlossen ist. Der Behälter ist z.B. in ein Wasserbad genügend großer Masse getaucht, das Temperaturunterschiede des Gases ausgleicht ($T_1 = T_2$). Wird die Kraft auf den Kolben ausreichend langsam vergrößert bzw. verkleinert, so verkleinert bzw. vergrößert sich das Volumen. Damit einher gehen eine Druckvergrößerung bzw. -verringerung sowie eine

Temperaturerhöhung bzw. -erniedrigung; letztere wird durch Wärmeab- bzw. -zufuhr durch das Wärmereservoir ausgeglichen. Wegen $\Delta U = 0$ ist dann

$$\Delta Q = -\Delta W \quad \text{Isotherme Zustandsänderung}$$
$$\text{bei } T = \text{const}$$

3

Da $p = p(V)$, muss ΔW nun allgemein berechnet werden:

Wegen $\Delta W = -\int_{V_1}^{V_2} p \, dV$ und $pV = NkT$ ist

$$\Delta W = -\int_{V_1}^{V_2} \frac{NkT}{V} \, dV = -NkT \int_{V_1}^{V_2} \frac{1}{V} \, dV = -NkT [\ln V]_{V_1}^{V_2}$$

$$= -NkT(\ln V_2 - \ln V_1) = -NkT \cdot \ln \frac{V_2}{V_1}$$

$$\Delta W = -NkT \cdot \ln \frac{V_2}{V_1} \qquad \text{Arbeit bei } T = \text{const}$$

Mechanik

4 Relativistische Dynamik

QUICK-FINDER

EINSTEINS POSTULATE   Albert Einsteins Spezielle Relativitätstheorie fußt auf nur zwei Postulaten:

1. Postulat: Von allen ruhenden und gleichförmig bewegten Lichtquellen breitet sich das Licht in alle Richtungen des Bezugssystems mit der gleichen Geschwindigkeit aus (Prinzip von der Konstanz der Lichtgeschwindigkeit).

2. Postulat: In allen Bezugssystemen, die sich geradlinig und gleichförmig bewegen, gelten die gleichen Naturgesetze (Allgemeines Relativitätsprinzip).

GRENZGESCHWINDIGKEIT   **Versuch:** Elektronen werden mit einer Spannung von bis zu mehreren Millionen Volt beschleunigt, die erreichte Geschwindigkeit wird gemessen.

Ergebnis: Die hohen Geschwindigkeiten, die sich nach der klassischen Beziehung $\frac{m_e}{2}v^2 = e\,U \implies v = \sqrt{\frac{2\,e\,U}{m_e}}$ berechnen lassen, werden bei weitem nicht erreicht, sondern die Vakuumlichtgeschwindigkeit stellt sich für die Elektronen als obere Grenzgeschwindigkeit heraus.

MASSENVERGRÖSSERUNG   **Versuch:** Elektronen unterschiedlicher Geschwindigkeiten durchlaufen ein Geschwindigkeitsfilter und gelangen anschließend senkrecht zu den Feldlinien in ein homogenes Magnetfeld (Kaufmann und Bucherer). Der Radius r ihrer Kreisbahn wird gemessen, ihre spezifische Ladung $\frac{e}{m_e}$ berechnet.

Ergebnis: Mit steigender Geschwindigkeit nimmt die spezifische Ladung ab.

Folgerung: Da die Ladung der Elektronen sicher unabhängig von der Geschwindigkeit ist, muss sich mit steigender Geschwindigkeit ihre Masse vergrößern.

Die geschwindigkeitsabhängige Masse und der geschwindigkeitsabhängige Impuls lassen sich nach folgenden Formeln berechnen:

$$m(v) = \frac{m_0}{\sqrt{1 - \frac{v^2}{c^2}}} \quad \text{relativistische Masse}$$

$m_0 = m(0)$: **Ruhemasse** des im Bezugssystem ruhenden Körpers
c: Lichtgeschwindigkeit

$$\vec{p}(v) = m(v) \cdot \vec{v} = \frac{m_0 \cdot \vec{v}}{\sqrt{1 - \frac{v^2}{c^2}}} \quad \text{relativistischer Impuls}$$

Merke: Diese Formeln müssen für $v > 0{,}1c$ verwendet werden, wenn der Fehler nicht größer als 1% werden soll.

RELATIVISTISCHE ENERGIE Die Beschleunigungsarbeit W lässt sich zu

$$W = \frac{m_0 \cdot c^2}{\sqrt{1 - \frac{v^2}{c^2}}} - m_0 \cdot c^2 = (m - m_0) \cdot c^2 = \Delta m \cdot c^2$$

berechnen.

Die Energievergrößerung ist also direkt proportional zur Vergrößerung seiner Masse, und c^2 ist die

Proportionalitätskonstante:

$W = \Delta E = E_k \sim \Delta m \Rightarrow$

$$E_k = (m - m_0) \cdot c^2 \text{ mit } m = \frac{m_0}{\sqrt{1 - \frac{v^2}{c^2}}}$$

relativistische kinetische Energie

4

Aus $E_k = (m - m_0) \cdot c^2 = m c^2 - m_0 c^2$ folgt:

$$E = m c^2 \text{ mit } m = \frac{m_0}{\sqrt{1 - \frac{v^2}{c^2}}}$$

relativistische Gesamtenergie (Masse-Energie-Beziehung)

Ruheenergie $E_0 = m_0 c^2 \Rightarrow E = \frac{E_0}{\sqrt{1 - \frac{v^2}{c^2}}}$

Auch ein im Bezugssystem nicht bewegter Körper repräsentiert allein durch seine Existenz einen gewissen Energiebetrag E_0!

ENERGIE-IMPULS-BEZIEHUNG Durch Elimination von v aus den Formeln für die relativistische Gesamtenergie E und den relativistischen Impuls p erhält man zwischen diesen für die Relativitätstheorie grundlegenden Größen den Ausdruck

$$E^2 = E_0^2 + c^2 p^2$$

relativistische Energie-Impuls-Beziehung

Das Myonenparadoxon

Neben der Abhängigkeit der Masse von der Geschwindigkeit und ihrer Äquivalenz zu Energie lassen die zwei Postulate von Albert Einstein in seiner speziellen Relativitätstheorie weitere interessante Folgerungen zu. Ein wesentlicher Teil seiner Arbeit befasst sich nämlich mit den Beziehungen zwischen zwei Systemen, die sich mit konstanter Geschwindigkeit gegeneinander bewegen. Die beiden Postulate sind nur zu erfüllen, wenn beim Übergang vom einen zum anderen System nicht nur die Raumkoordinaten, sondern auch die Zeitkoordinate umgeformt – transformiert – wird. Einstein konnte dazu von Hendrik Antoon Lorentz (1853–1928) eine Gruppe von nach diesem benannten Formeln, die Lorentz-Transformationen, übernehmen.

Im täglichen Leben ist von Einsteins Folgerungen allerdings nichts zu bemerken. Das ändert sich aber, wenn sich die Relativgeschwindigkeit der beiden Systeme der Lichtgeschwindigkeit nähert. Dann ergibt sich z.B., dass zwei Ereignisse, die im bewegten System gleichzeitig stattfinden, im ruhenden System *nacheinander* erfolgen. Sonderbar mutet an, dass Strecken im jeweils anderen System kürzer erscheinen (Längenkontraktion) und Uhren im jeweils anderen System langsamer gehen, d.h. Zeitintervalle dort länger erscheinen (Zeitdilatation).

Nun hat schon Albert Einstein, um uns langsam Lebenden die ungewohnten Beziehungen zwischen sehr schnell bewegten Systemen klar zu machen, als bewegtes System einen gläsernen Zug erfunden, in den man vom ruhenden System Bahnsteig aus hineinsehen und dort durchgeführte Experimente beobachten kann.

Dass es einen solchen „Zug" in der Natur wirklich gibt, bahnte sich ab 1900 an, als man entdeckte, dass die Luft durch Strahlung ionisiert wird. Durch Forschung mit Ballonen stellte man fest, dass diese Strahlung aus dem Weltraum kommt. 1937 wird in Nebelkammeraufnahmen ein Teilchen registriert, das etwa die 200-fache Masse eines Elektrons hat und eine Elementarladung trägt. Erst 1947 wird es als „Myon" identifiziert.

Myonen entstehen in mehr als 10 km Höhe, wenn die Luftmoleküle hauptsächlich von Protonen der kosmischen Strahlung getroffen werden. Sie besitzen dann 99,8 % der Lichtgeschwindigkeit. Inzwischen kann man im Labor auch langsame Myonen erzeugen und – im System der Myonen – deren Lebensdauer messen. Diese beträgt im Mittel 2,2 µs. Das verwundert allerdings sehr. Denn mit diesen Werten berechnen können die durch kosmische Strahlung erzeugten Myonen dann nur ca. 660 m zurücklegen, bis sie in ein Elektron sowie zwei Neutrinos zerfallen. Woher kamen dann das Myon in der Nebelkammer und die vielen anderen, die man inzwischen auf dem Erdboden nachweisen kann?

Die Lösung bringt die Relativitätstheorie: Da sich das Myon fast mit Lichtgeschwindigkeit bewegt, erscheint seine Lebensdauer von der Erde – dem Bahnsteig – aus etwa 16-mal so lang wie vom Myon – dem „Zug" – aus. Dann kann es in dieser Zeit aber auch über 10 km zurücklegen und auf der Erde registriert werden!

Versetzt man sich als Beobachter in das anfliegende Myon, so erscheint natürlich der Weg durch die Erdatmosphäre auf ein Sechzehntel verkürzt und ist in 2,2 µs leicht zu schaffen.

Elektrizität und Magnetismus

5 Elektrische und magnetische Felder

QUICK-FINDER

Arbeit

Potential und Spannung

Energieinhalt des homogenen elektrischen Feldes

Magnetische Flussdichte

Lorentzkraft, Halleffekt ▶

QUICK-FINDER

Elektrische Feldstärke

ELEKTRISCHES FELD   In der Umgebung elektrisch geladener Körper erfahren andere elektrisch geladene Körper eine Kraftwirkung (Versuche mit Konduktoren und mit Graphit beschichteten Tischtennisbällen oder mit Kunststoffstäben): Es herrscht ein elektrisches Feld. Es kann durch Feldlinien veranschaulicht werden. Diese beginnen bei positiv geladenen und enden bei negativ geladenen Körpern.

5

ELEKTRISCHE FELDSTÄRKE   Versuch: Eine „Probeladung" q wird verändert, der Betrag der Kraft F auf diese im Feld eines Plattenkondensators wird gemessen. Im Realexperiment muss die Probeladung in die Ausgangslage zurückgebracht werden (Kompensation).

Stromwaage

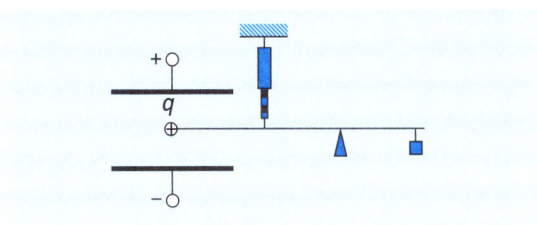

Ergebnis: $F \sim q \ \Rightarrow \ \dfrac{F}{q} = \text{const}$

Definition: $\vec{E} = \dfrac{\vec{F}}{q}$ heißt elektrische Feldstärke

Einheit: $[E] = 1 \ \dfrac{N}{C} = 1 \ \dfrac{J}{m \cdot C} = \dfrac{1 \, VAs}{m \, As} = 1 \ \dfrac{V}{m}$

Diese Definitionsformel beschreibt auch nicht homogene elektrische Felder; dort ist E nicht konstant (z.B. Radialfeld einer Kugel oder eines Kugelkondensators).

Analogie: Im Gravitationsfeld wirkt eine Kraft $\vec{F}$ auf eine „Probemasse" m. Aus $\vec{F} = m \cdot \vec{g}$ folgt die Gravitationsfeldstärke $\vec{g} = \frac{F}{m}$.

Homogenes elektrisches Feld; Millikan-Versuch

KAPAZITÄT EINES KONDENSATORS Versuch: Ein Plattenkondensator wird mit verschiedenen Spannungen U geladen, die jeweils gespeicherte Ladung Q wird gemessen.

Ergebnis: $Q \sim U \Rightarrow \frac{Q}{U} = \text{const}$

> Definition: $C = \frac{Q}{U}$ **Kapazität**

Einheit: $[C] = 1\frac{\text{As}}{\text{V}} = 1\,\text{F (Farad)}$

Diese Definitionsformel gilt für jede Form eines Kondensators (z.B. auch Kugelkondensator).

ELEKTRISCHE FELDKONSTANTE Zwischen den Platten eines Plattenkondensators ist $\vec{E} = \frac{\vec{F}}{q}$ überall gleich: Wir haben ein homogenes elektrisches Feld; die Feldlinien sind dort zueinander parallel.

Versuch: Plattengröße A und Plattenabstand d eines Plattenkondensators werden verändert und mit der Spannung U = const geladen; die jeweils gespeicherte Ladung Q wird gemessen und $C = \frac{Q}{U}$ berechnet.

Ergebnis: $\left.\begin{array}{l} C \sim A \\ C \sim \frac{1}{d} \end{array}\right\} \Rightarrow C \sim \frac{A}{d} \Rightarrow C = \varepsilon\frac{A}{d}$, $\varepsilon = \varepsilon_0 \cdot \varepsilon_r$

ε_r: Dielektrizitätszahl (in Luft: $\varepsilon_r \approx 1$)

Definition: ε_0 heißt elektrische Feldkonstante

Einheit: $[\varepsilon_0] = 1\frac{C}{Vm}$

Diese Formel gilt nur für den Plattenkondensator!

MILLIKAN-VERSUCH UND ELEMENTARLADUNG **Versuch:** Ein z.B. durch radioaktive Bestrahlung der umgebenden Luft geladenes Öltröpfchen fällt durch eine Bohrung in einen waagrecht angeordneten Plattenkondensator. Durch die dort angelegte Spannung wird eine elektrische Feldkraft erzeugt, die der Gewichtskraft des Öltröpfchens das Gleichgewicht hält (Schwebemethode):

Millikan-Versuch

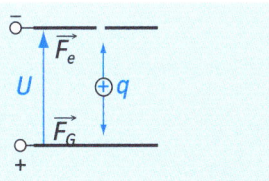

$$\left.\begin{array}{l} F_e = F_G \Rightarrow q\,E = mg \\ V_{\text{Öltröpfchen}} = \frac{4}{3}\,r^3\pi \end{array}\right\} \;\Rightarrow\; E = \frac{U}{d}; \quad \varrho_{\text{Öl}} = \frac{m}{V_{\text{Öltr.}}}$$

$$\Rightarrow q = \frac{mg}{E} = \frac{mg}{\frac{U}{d}} = \frac{\varrho V \cdot g \cdot d}{U} = \frac{\varrho \cdot \frac{4}{3} r^3 \pi \cdot g\,d}{U} = \frac{4 r^3 \pi \varrho g\,d}{3\,U}$$

Der Plattenabstand d sowie die Dichte ϱ des Öls sind bekannt, U wird gemessen; r muss mit Hilfe eines ins Mikroskop eingebauten Maßstabes abgeschätzt werden.

Genauere Ergebnisse erzielt die „Gleichfeldmethode", bei der r unter Berücksichtigung der Reibungskraft durch Laufzeitmessungen eliminiert werden kann.

Ergebnis: q ist stets ein ganzzahliges Vielfaches einer kleinsten Ladung, der Elementarladung e.

Elektrische Flussdichte

ELEKTRISCHE FLUSSDICHTE **Versuch:** Ein ungeladenes Paar von „Influenzplatten" der Fläche A_0 wird senkrecht zu den Feldlinien eines Plattenkondensators gehalten und getrennt. Die wirksame Fläche A_i des Plattenpaares wird verändert, die influenzierte Ladung Q_i gemessen. Man lädt eine Influenzplatte auch an einer Kondensatorplatte mit Q_0 auf.

Influenzplatten

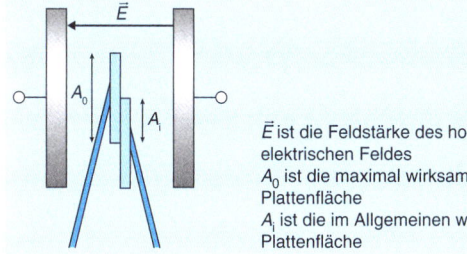

$\vec{E}$ ist die Feldstärke des homogenen elektrischen Feldes
A_0 ist die maximal wirksame Plattenfläche
A_i ist die im Allgemeinen wirksame Plattenfläche

5

Ergebnis: $\dfrac{Q_i}{A_i} = \dfrac{Q_0}{A_0} = \text{const}$

Definition: $\sigma = \dfrac{Q}{A}$ heißt Flächenladungsdichte

Einheit: $[\sigma] = 1\dfrac{C}{m^2}$

Der Vektor $\vec{D}$ vom Betrag σ mit der Richtung von $\vec{E}$ heißt elektrische Flussdichte.

GRUNDGLEICHUNG DES ELEKTRISCHEN FELDES *Nur für den Plattenkondensator* gilt folgende Herleitung:

$$\left.\begin{array}{l} C = \frac{Q}{U} \\[4pt] C = \varepsilon\frac{A}{d} \\[4pt] D = \frac{Q}{A} \end{array}\right\} \Rightarrow D = \dfrac{\varepsilon\frac{A}{d}\cdot U}{A} = \varepsilon\dfrac{U}{d} = \varepsilon E$$

Jedoch gilt auch allgemein ($\varepsilon = \varepsilon_0 \cdot \varepsilon_r$):

$$\vec{D} = \varepsilon \vec{E} \quad \text{Grundgleichung des elektrischen Feldes}$$

ε_0: elektrische Feldkonstante;
ε_r: Dielektrizitätszahl (in Luft: $\varepsilon_r \approx 1$)

$\vec{D}$ beschreibt die Ursache des elektrischen Feldes,
$\vec{E}$ dessen Wirkung.

Radiales elektrisches Feld, Coulombgesetz

COULOMB-KRAFT Denkt man sich um eine „Punktladung" Q_1 als Mittelpunkt eine beliebig große elektrisch leitende Kugelschale gelegt, so wird an deren Außenseite eine gleichmäßig verteilte Ladung von gleichem Betrag und Vorzeichen wie Q_1 influenziert. Also ist

$$\left. \begin{array}{l} D = \dfrac{Q_1}{A_{\text{Kugel}}} = \dfrac{Q_1}{4\pi r^2} \\[2mm] D = \varepsilon_0 E \end{array} \right\} \quad \Rightarrow \quad E = \dfrac{1}{4\pi\varepsilon_0} \dfrac{Q_1}{r^2}$$

Auf eine im Feld von Q_1 befindliche Ladung Q_2 wirkt dann eine Kraft vom Betrag $F(r) = Q_2 \cdot E \Rightarrow$

$$F(r) = \frac{1}{4\pi\varepsilon_0} \frac{Q_1 Q_2}{r^2} \quad \text{Coulomb-Kraft}$$

Beide Formeln gelten auch für eine Vollkugel.

Materie im elektrischen Feld

KAPAZITÄT MIT MATERIE **Versuch:** Ein Plattenkondensator wird ohne und mit einem Isolator zwischen den Platten (Kunststoff, Glas) mit stets der gleichen Spannung geladen. Die jeweils gespeicherte Ladung wird gemessen, die jeweilige Kapazität mit $C = \frac{Q}{U}$ berechnet. Dabei zeigt sich, dass ein Isolator zwischen den Platten eines Kondensators dessen Kapazität erhöht. Der Isolator heißt in diesem Zusammenhang Dielektrikum.

Will man die Kapazität C_2 eines Kondensators mit Dielektrikum mit der Kapazität C_1 eines Kondensators im Vakuum vergleichen, so berechnet man ε_r:

Definition: $\varepsilon_r = \dfrac{C_2}{C_1}$ heißt Dielektrizitätszahl

Mit $C_1 = \varepsilon_0 \cdot \frac{A}{d}$ ergibt sich $C_2 = \varepsilon_r C_1 = \varepsilon_r \cdot \varepsilon_0 \cdot \frac{A}{d} = \varepsilon \cdot \frac{A}{d}$.

Arbeit

VORZEICHEN DER ARBEIT Grundsätzlich muss festgelegt werden, ob die Arbeit zur Verschiebung eines geladenen Teilchens im elektrischen Feld von diesem Feld oder von außen verrichtet wird; dies wirkt sich auf das Vorzeichen aus. Meist wird die Arbeit als positiv festgesetzt, wenn das *Feld* ein geladenes Teilchen so bewegt, dass seine potentielle Energie abnimmt: $W_{Feld} = -\Delta E_p$

ARBEIT IM HOMOGENEN UND IM RADIALFELD Die Arbeit zur Verschiebung eines geladenen Teilchens der Ladung q im elektrischen Feld vom Punkt 1 zum Punkt 2 ist stets vom gewählten Weg unabhängig. Ist α der Winkel zwischen Feldkraft $\vec{F}$ und Weg $\vec{s}$, $0° \leq \alpha \leq 180°$, so gilt für folgende Spezialfälle:

- Im **homogenen Feld** ist $\vec{F}$ konstant, die Arbeit zur Überführung von q von 1 nach 2 lässt sich also vereinfacht berechnen:

$$W_{12} = \vec{F} \circ \vec{s}_{12} = F \cdot s_{12} \cdot \cos\alpha = q\,E \cdot s_{12} \cdot \cos\alpha$$

- Im **Radialfeld** ändert sich die Kraft $\vec{F}(r)$ auf q mit der Entfernung von der zentralen Ladung Q, die Arbeit muss also mit der Definitionsformel für die Arbeit berechnet werden:

$$W_{12} = \int_{r_1}^{r_2} \vec{F}(r) \circ d\,\vec{r} = \int_{r_1}^{r_2} (F(r) \cdot \cos\alpha) \cdot d\,r$$

$$= \frac{1}{4\pi\varepsilon} \cdot Q \cdot q \cdot \cos\alpha \cdot \left[-\frac{1}{r}\right]_{r_1}^{r_2}$$

$$W_{12} = \frac{1}{4\pi\varepsilon} \cdot Q \cdot q \cdot \cos\alpha \cdot \left(-\frac{1}{r_2} + \frac{1}{r_1}\right)$$

Potential und Spannung

POTENTIAL Während die elektrische Arbeit

$$W_{12} = \int_{s_1}^{s_2} \vec{F}(s) \circ d\,\vec{s} = q\int_{s_1}^{s_2} \vec{E}(s) \circ d\,\vec{s},$$

also die Änderung der potentiellen Energie, außer von $\vec{E}(s)$ und $\vec{s}$ insbesondere noch von der zu verschiebenden Probeladung q abhängt, ist das für die Größe $\frac{W_{12}}{q}$ nicht mehr der Fall.

Definition: $\varphi_{12} = \varphi_1 - \varphi_2 = \dfrac{W_{12}}{q} = \displaystyle\int_{s_1}^{s_2} \vec{E}\,(s) \circ d\,\vec{s}$

Potentialdifferenz

φ_1 und φ_2 heißen Potentiale

Einheit: $[\varphi] = \dfrac{1\,\text{J}}{1\,\text{C}} = 1\,\dfrac{\text{VAs}}{\text{As}} = 1\,\text{V}$

Wählt man für den Punkt P_1 das Potential willkürlich, z.B. $\varphi_1 = 0$, so hat der Punkt P_2 gegenüber P_1 das Potential φ_2, das mit $\varphi_2 = \varphi_1 - \varphi_{12}$ berechnet werden kann. Die Verwendung von Potentialen und Potentialdifferenzen hat den Vorteil, dass keine Richtungen berücksichtigt werden müssen so wie bei Kräften oder elektrischen Feldstärken.

Flächen gleichen Potentials heißen Äquipotentialflächen. Schneidet man Äquipotentialflächen mit einer Zeichenebene, so erhält man Bilder von Äquipotentiallinien.

SPANNUNG Wird die Probeladung q in einem elektrischen Feld vom Punkt P_1 zum Punkt P_2 befördert, so ist die Feldarbeit $W_{12} = q \cdot \varphi_{12}$ der von der felderzeugenden Spannungsquelle gelieferten elektrischen Energie $W_e = U \cdot I \cdot \Delta t$ gleich. Es folgt $q \cdot \varphi_{12} = U \cdot (I \cdot \Delta t) = U \cdot q \Rightarrow$

$\varphi_{12} = U$ Die elektrische Spannung ist gleich einer Potentialdifferenz

Die Spannung U ist also eine abgeleitete Größe, d.h. die Einheit Volt kann durch Basiseinheiten ausgedrückt werden:

$[U] = 1\,\text{V} = \dfrac{1\,\text{J}}{1\,\text{C}} = \dfrac{1\,\text{Nm}}{1\,\text{As}} = \dfrac{1\,\text{kg}\,\text{m}^2}{\text{As}^3}$

Dann ist auch $\quad U = \dfrac{W}{q} \;\Rightarrow\; W = U \cdot q$

Spezialfall: $\quad W_e = U \cdot e = W_{kin}$
$\qquad\qquad\quad$ Kinetische Energie eines Elektrons,
$\qquad\qquad\quad$ das mit U beschleunigt wurde

HOMOGENES ELEKTRISCHES FELD Speziell für das homogene elektrische Feld eines Plattenkondensators mit dem Plattenabstand d gilt für einen Weg entlang der Feldlinien, d. h. $\alpha = 0°$:

$$\varphi_{12} = \frac{W_{12}}{q} = \int\limits_{s_1}^{s_2} \vec{E}\,(s) \circ d\,\vec{s} = E \cdot s \cdot \cos\alpha = E \cdot d = U \;\Rightarrow$$

$E = \dfrac{U}{d} \quad$ Elektrische Feldstärke im Plattenkondensator

Energieinhalt des homogenen elektrischen Feldes

ENTLADUNG EINES KONDENSATORS Versuch: Ein mit der Spannung U geladener, von der Spannungsquelle getrennter Kondensator wird durch den Transport kleiner Ladungsbeträge ΔQ schrittweise entladen (z. B. pendelt eine leitende Kugel zwischen den Platten eines Plattenkondensators).

$\qquad$ Aus $\quad C = \dfrac{Q}{U} \quad$ folgt $\quad U = \dfrac{1}{C} \cdot Q \quad$ und somit $\quad U \sim Q$.

Q wird ständig kleiner, die Teilladung ΔQ wird also bei abnehmender Spannung U_v durch die Arbeit $\Delta W_v = U_v \cdot \Delta Q$ transportiert. Die Gesamtarbeit W, mit der der Kondensator vollständig entladen wird und die somit den ursprünglichen Energieinhalt angibt, ist also:

$$W = \int_0^{Q_0} U(Q)\,\mathrm{d}Q = \int_0^{Q_0} \frac{1}{C}Q\,\mathrm{d}Q = \frac{1}{C}\left[\frac{Q^2}{2}\right]_0^{Q_0} = \frac{Q_0^2}{2C} \quad \Rightarrow$$

$$W_e = \frac{1}{2}\frac{Q^2}{C} = \frac{1}{2}CU^2 = \frac{1}{2}QU$$

Energieinhalt des homogenen elektrischen Feldes

Immer nur für das homogene elektrische Feld gilt weiter mit $C = \varepsilon\frac{A}{d}$, $U = Ed$ und schließlich $Ad = V$:

$$W_e = \frac{1}{2}CU^2 = \frac{1}{2}\cdot\varepsilon\frac{A}{d}\cdot(Ed)^2 = \frac{1}{2}\cdot\varepsilon A\cdot E^2 d = \frac{1}{2}\cdot E\cdot\varepsilon E\cdot Ad$$

$$W_e = \frac{1}{2}\cdot E\cdot D\cdot V \quad \text{Energieinhalt des homogenen}$$
$$\text{elektrischen Feldes}$$

In einem Raum mit dem Volumen V, der ein homogenes elektrisches Feld enthält, ist dann wegen $\varrho = \frac{W}{V}$

$$\varrho = \frac{1}{2}\cdot E\cdot D = \frac{1}{2}\cdot\varepsilon\cdot E^2$$

die Energiedichte des homogenen elektrischen Feldes.

Magnetische Flussdichte

MAGNETFELD In der Umgebung von Magneten erfahren andere Magnete sowie ferromagnetische Stoffe eine Kraftwirkung: Es herrscht ein „Magnetfeld". Ein Magnetfeld kann durch Feldlinien veranschaulicht werden. Diese zeigen außerhalb eines Magneten vom Nord- zum Südpol. Aber auch in der Umgebung eines stromdurchflossenen Leiters herrscht ein Magnetfeld (Oerstedt-Versuch, Faustregel der rechten Hand), sodass ein stromdurchflossenes Leiterstück in einem anderen Magnetfeld eine Kraft erfährt (Leiterschaukelversuch).

MAGNETISCHE FLUSSDICHTE **Versuch:** Der Strom I durch ein „Probe"-Leiterstück sowie dessen Länge l werden verändert, der Betrag der Kraft F auf dieses im homogenen Magnetfeld einer langen Zylinderspule wird gemessen. Im Realexperiment muss das Leiterstück in die Ausgangslage zurückgebracht werden („Kompensation").

Stromwaage

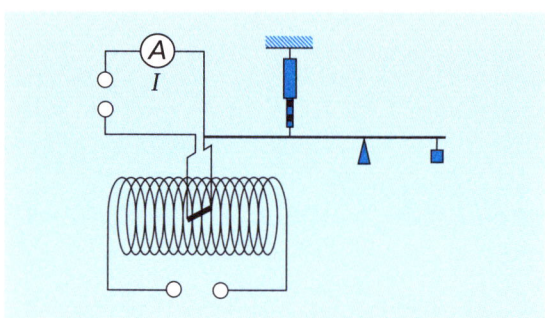

Ergebnis: $\left.\begin{array}{l} F \sim I \\ F \sim l \end{array}\right\} \Rightarrow \dfrac{F}{I \cdot l} = \text{const}$

Definition: $B = \dfrac{F}{I \cdot l}$ heißt **magnetische Flussdichte**

Einheit: $[B] = 1\,\dfrac{\text{N}}{\text{A} \cdot \text{m}} = 1\,\dfrac{\text{VAs}}{\text{A} \cdot \text{m}^2} = 1\,\dfrac{\text{Vs}}{\text{m}^2} = 1\,\text{T}$ (Tesla)

B ist der Betrag des Vektors $\vec{B}$, der die Richtung der Feldlinien hat.

Lorentzkraft, Halleffekt

DREIFINGERREGEL Um die Kraft $\vec{F}$ auf einen stromdurchflossenen Leiter in einem Magnetfeld $\vec{B}$ zu erklären, betrachtet man den Leiter als Röhre, in dem sich die Leitungselektronen mit der Geschwindigkeit $\vec{v}$ bewegen („Leiterschaukelversuch").

Leiterschaukelversuch

5

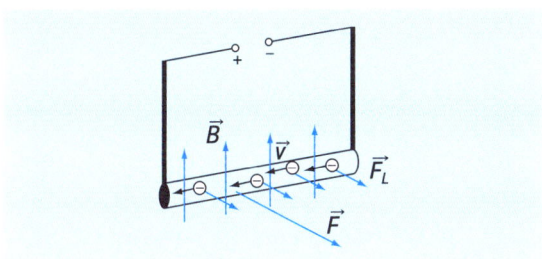

Die Richtung der Kraft $\vec{F}$ ergibt sich mit Hilfe der Dreifingerregel der *linken Hand*:

Daumen ≙ Richtung des Elektronenflusses
Zeigefinger ≙ Richtung des Magnetfeldes
Mittelfinger ≙ Richtung der Kraftwirkung

LORENTZKRAFT Der Betrag der Kraft $\vec{F}$ lässt sich berechnen, wenn man annimmt, dass N Elektronen der Elementarladung e die Ladung Q transportieren und $\vec{v} \perp \vec{B}$ gilt:

$$\left. \begin{array}{r} B = \frac{F}{I \cdot l} \Rightarrow F = B \cdot I \cdot l \\ I = \frac{Q}{t} \\ Q = N \cdot e \end{array} \right\} \Rightarrow F = B \cdot \frac{N \cdot e}{t} \cdot l = N \cdot e \cdot v \cdot B = N \cdot F_L$$

$$F_L = evB \quad \text{ist der Betrag der Lorentzkraft}$$

Die Lorentzkraft $\vec{F}_L$ wirkt infolge der Geschwindigkeit $\vec{v}$ eines Elektrons im Magnetfeld der Flussdichte $\vec{B}$ auf *ein* Elektron. Ist $\vec{v} \perp \vec{B}$ nicht erfüllt, so gilt verallgemeinert:

$$\vec{F}_L = e \cdot (\vec{v} \times \vec{B})$$

HALLEFFEKT **Versuch:** Durch ein Silber-Band fließt ein „Steuerstrom" I_{St}, senkrecht zum Silber-Band wirkt ein Magnetfeld $\vec{B}$. An den Seiten des Silber-Bandes wird eine Spannung U_H so abgegriffen, dass sie ohne Magnetfeld den Wert 0 hat.

Halleffekt

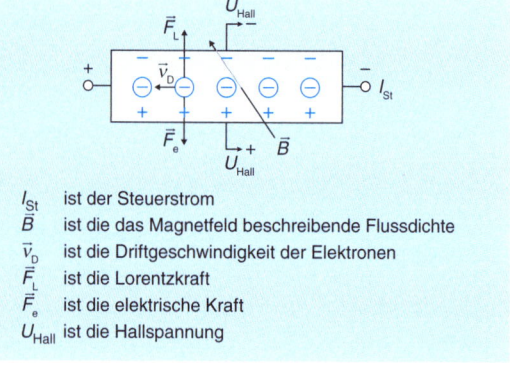

I_{St} ist der Steuerstrom
$\vec{B}$ ist die das Magnetfeld beschreibende Flussdichte
$\vec{v}_D$ ist die Driftgeschwindigkeit der Elektronen
$\vec{F}_L$ ist die Lorentzkraft
$\vec{F}_e$ ist die elektrische Kraft
U_{Hall} ist die Hallspannung

Beobachtung: U_H hat einen Wert von einigen µV **Halleffekt**.

Deutung: Die im Silber-Band bewegten Ladungsträger erfahren durch das Magnetfeld eine Lorentzkraft, die in Richtung der Seiten des Silber-Bandes wirkt. Dadurch entsteht ein Konzentrationsgefälle der Ladungsträger, dessen auf nachkommende Ladungsträger wirkende elektrische Kraft der Lorentzkraft dieser Ladungsträger das Gleichgewicht hält. Die Ladungstrennung lässt sich als Hallspannung U_H messen.

Bei manchen Halbleitern ist der Halleffekt wesentlich stärker.

5

HALLSONDE Für I_{St} = const kann auch angenommen werden, dass die „Driftgeschwindigkeit" v_D der Ladungsträger konstant ist. Bedeutet b die Breite des Silber-Bandes, so gilt:

$$F_e = F_L \Rightarrow E\,q = q\,v_D\,B$$
$$\Rightarrow \frac{U_H}{b} = v_D\,B$$
$$\Rightarrow U_H = b \cdot v_D \cdot B$$

Also gilt $U_H \sim B$, was die Anwendung des Halleffekts in der Hallsonde zur Messung magnetischer Flussdichten ermöglicht.

Homogenes Magnetfeld der langgestreckten Spule, magnetische Feldstärke

GRUNDGLEICHUNG DES MAGNETISCHEN FELDES Versuch: Die Windungszahl N, die Länge l, der Durchmesser d sowie der Strom I durch eine lang gestreckte

Spule ($l > 10\,d$) werden variiert, während die übrigen Größen jeweils konstant gehalten werden; die Flussdichte B in der Spule wird mit einer Hallsonde gemessen.

Ergebnis:
$$\left.\begin{array}{c} B \sim I \\ B \sim N \\ B \sim \frac{1}{l} \end{array}\right\} \;\Rightarrow\; B \sim I\,\frac{N}{l} \;\Rightarrow\; B = \mu_0\,I\,\frac{N}{l}$$

B ist von d unabhängig.

Die internationale Stromstärkeeinheit $1\,A$ hat man so definiert, dass $\mu_0 = 4\pi \cdot 10^{-7}\,\frac{Vs}{Am}$ exakt gilt.

Definition: μ_0 heißt magnetische Feldkonstante

Definition: $H = I\,\frac{N}{l}$ heißt magnetische Feldstärke

Einheit: $[H] = 1\,\frac{A}{m}$

Folgerung:

$$\vec{B} = \mu\vec{H} \qquad \mu = \mu_0 \cdot \mu_r$$
Grundgleichung des magnetischen Feldes
μ_r: Permeabilitätszahl (in Luft: $\mu_r \approx 1$)

$\vec{H}$ beschreibt die Ursache des Magnetfeldes, $\vec{B}$ dessen Wirkung.

Bewegung geladener Teilchen in elektrischen und magnetischen Feldern

BEWEGUNG IM ELEKTRISCHEN LÄNGSFELD Durch direkte oder indirekte Heizung der Kathode werden infolge des glühelektrischen Effekts im Vakuum Elektronen freigesetzt und durch eine angelegte Beschleunigungsspannung U_b zur Anode hin bewegt. Die dabei verrichtete elektrische Arbeit W_e erhöht also die kinetische Energie W_k der Elektronen:

5

Glühelektrischer Effekt

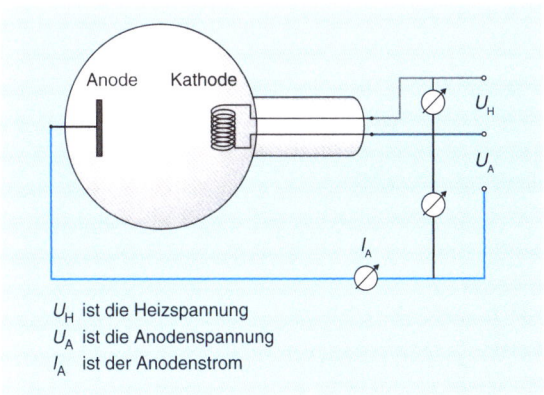

U_H ist die Heizspannung
U_A ist die Anodenspannung
I_A ist der Anodenstrom

$$W_e = W_k \;\Rightarrow\; U_b \cdot e = \tfrac{1}{2} m v^2 \;\Rightarrow\; v = \sqrt{\tfrac{2\,U_b \cdot e}{m}} = \sqrt{2\,\tfrac{e}{m}\,U_b}$$

Definition: $\frac{q}{m}$ heißt spezifische Ladung eines Teilchens der Masse m und der Ladung q.
Wegen $W_e = U_b \cdot e$ ist es sinnvoll, für W_k eine neue Einheit einzuführen:

Einheit: $[W_k] = 1\ \text{eV}$ (Elektronenvolt)

Umrechnung:

$$1\ \text{eV} = 1{,}6022 \cdot 10^{-19}\ \text{As} \cdot \text{V} = 1{,}6022 \cdot 10^{-19}\ \text{J}$$
$$1\ \text{J} = 1\ \text{VAs} = \frac{e}{1{,}6022 \cdot 10^{-19}}\ \text{As}\ \ \text{VAs} = 6{,}2414 \cdot 10^{18}\ \text{eV}$$

Ist die Anode durchlöchert, so fliegen die Elektronen infolge ihrer Trägheit durch die Öffnung und können zu einem Elektronenstrahl gebündelt werden (Elektronenkanone).

BEWEGUNG IM ELEKTRISCHEN QUERFELD Treten die Elektronen aus der Elektronenkanone kommend senkrecht zu den Feldlinien in den Ablenkkondensator ein, so werden sie auf eine Parabelbahn abgelenkt. Ab dem Austritt aus dem Ablenkkondensator fliegen sie geradlinig und unbeschleunigt zum Schirm.

Bewegung im Querfeld

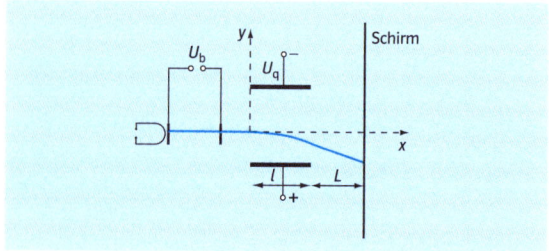

Im Ablenkkondensator gilt: Die elektrische Kraft $\vec{F}_y$ beschleunigt das Elektron in negativer y-Richtung.

$$F_a = F_y \ \Rightarrow\ m \cdot a_y = -e\,E_q = -e\,\frac{U_q}{d} \ \Rightarrow\ a_y = -\frac{e}{m}\,\frac{U_q}{d}$$

Aus den Bewegungsgleichungen erhält man durch Elimination von t

$$\left.\begin{array}{l} x = v_0 t \Rightarrow t = \frac{x}{v_0} \\ y = \frac{a_y}{2} t^2 \end{array}\right\} \Rightarrow y(x) = \frac{a_y}{2 v_0^2} \cdot x^2 \quad \text{Bahngleichung}$$

Die erreichte Ablenkung y_l der Elektronen bei ihrem Austritt aus dem Ablenkkondensator der Länge l erhält man durch Einsetzen von $x = l$ in die Bahngleichung zu

$$y(l) = y_1 = \frac{a_y}{2 v_0^2} \cdot l^2 = -\frac{1}{2} \cdot \frac{e}{m} \cdot \frac{U_q}{d} \cdot \frac{l^2}{v_0^2}.$$

Setzt man auch noch $v_0 = \sqrt{2 \cdot \frac{e}{m} \cdot U_b}$ ein, so entsteht mit $y_1 = -\frac{1}{4} \cdot \frac{U_q}{U_b} \cdot \frac{l^2}{d}$ eine Formel, die nur von messbaren Größen abhängt.

ABLENKUNG AUF DEM BILDSCHIRM Schließlich kommen die Elektronen nach einem geradlinigen Flug der Länge L mit der Ablenkung y_L gegenüber der x-Achse auf dem ebenen Bildschirm an.

Mit Hilfe des Strahlensatzes zwischen der Geometrie der Röhre und den Beträgen v_x und v_y der Komponenten des Geschwindigkeitsvektors am Austritt aus dem Ablenkkondensator lässt sich y_L berechnen:

$$\frac{y_L - y_1}{L} = \frac{v_y}{v_x} \Rightarrow y_L = y_1 + L \cdot \frac{v_y}{v_x}$$

Da außerdem

$$v_y = a_y t \text{ und } a_y = -\frac{e}{m} \cdot \frac{U_q}{d} \text{ und } v_x = v_0 = \frac{l}{t} = \sqrt{2 \cdot \frac{e}{m} \cdot U_b}$$

ist, folgt

$$y_L = -\frac{U_q \cdot l}{2 U_b d}\left(\frac{1}{2} + L\right).$$

Bewegung hinter dem Ablenkkondensator

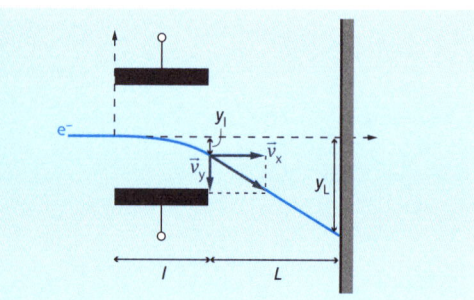

e^- bedeutet den Strahl eintretender Elektronen.

y_I ist die beim Austritt aus dem Kondensator erfolgte Ablenkung der Elektronen in y-Richtung.

y_L ist die Ablenkung der Elektronen auf dem Schirm in y-Richtung.

$\vec{v}_x$ ist die Geschwindigkeitskomponente der Elektronen beim Austritt aus dem Kondensator in x-Richtung.

$\vec{v}_y$ ist die Geschwindigkeitskomponente der Elektronen beim Austritt aus dem Kondensator in y-Richtung.

BAHNGESCHWINDIGKEIT Der Betrag der Bahngeschwindigkeit beim Austritt aus dem Kondensator ist mit Hilfe des Satzes von Pythagoras zu berechnen: $v = \sqrt{v_x^2 + v_y^2}$.

BEWEGUNG IM MAGNETFELD Während die Kraft auf ein geladenes Teilchen im elektrischen Feld stets wirkt, wird ein geladenes Teilchen im Magnetfeld nur beeinflusst, wenn es sich quer zu den Feldlinien *bewegt*. Im Idealfall fliegt ein geladenes Teilchen der Geschwindigkeit $\vec{v}$ senkrecht zu den Feldlinien eines homogenen Magnetfeldes mit der Flussdichte $\vec{B}$ und wird dann durch die Lorentzkraft $\vec{F}_L$ auf eine Kreisbahn mit dem Radius r abgelenkt (s. Versuch mit dem Fadenstrahlrohr, unten); die Lorentzkraft ist also die Zentripetalkraft:

$$F_Z = F_L \;\Rightarrow\; \frac{m v^2}{r} = e\, v\, B \;\Rightarrow\; r = \frac{m v}{e B} \;\Rightarrow\; v = \frac{e}{m} B\, r$$

Die Bahngeschwindigkeit v ist aber auch $v = \frac{s}{t} = \frac{2\pi r}{T}$; daraus ergibt sich die Umlaufdauer $T = \frac{2\pi r}{v}$.

5

Spezifische Ladung und Masse des Elektrons

FADENSTRAHLROHR **Versuch:** Ein dünner Elektronenstrahl beschreibt im homogenen Magnetfeld eines „Helmholtzspulen-Paares" eine Kreisbahn. Der Strahl ist im Füllgas des „Fadenstrahlrohres" sichtbar, der Durchmesser seiner Bahn kann gemessen werden. Der Bahndurchmesser $2\,r$ wird über den Spulenstrom oder die Beschleunigungsspannung variiert, die magnetische Flussdichte mit Hilfe einer Hallsonde gemessen.

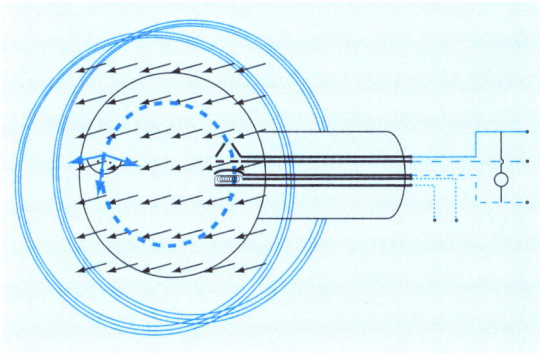

$$F_Z = F_L \;\Rightarrow\; \frac{m\,v^2}{r} = e\,v\,B$$

$$\Rightarrow\; \left.\begin{array}{l} v = \frac{e}{m}\,B\,r \Rightarrow v^2 = \left(\frac{e}{m}\right)^2 (B\,r)^2 \\[2mm] e\,U = \frac{1}{2}\,m\,v^2 \Rightarrow v^2 = \frac{e}{m}\cdot 2\,U \end{array}\right\} \;\Rightarrow$$

Ergebnis: $\frac{e}{m} = \frac{2\,U}{B^2\,r^2}$ kann bestimmt werden.

Da aus dem Millikan-Versuch die Elementarladung e bekannt ist, kann nun die Masse eines Elektrons berechnet werden: $m = \frac{e}{\frac{e}{m}}$

Anwendungen

GESCHWINDIGKEITSFILTER Schießt man einen Strahl von Elektronen unterschiedlicher Geschwindigkeiten senkrecht zu den Feldlinien in ein homogenes elektri-

Geschwindigkeitsfilter

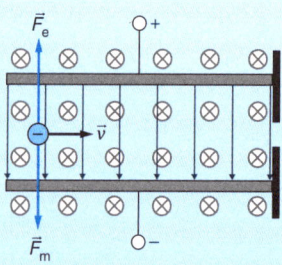

$\vec{v}$ ist die Geschwindigkeit des eintretenden Elektrons
$\vec{F}_e$ ist die auf das Elektron wirkende elektrische Kraft
$\vec{F}_m$ ist die auf das Elektron wirkende magnetische Kraft
   = Lorentzkraft

sches Feld, so werden die Elektronen auf unterschied-schiedliche Parabelbahnen abgelenkt. Fügt man nun ein homogenes magnetisches Feld so hinzu, dass seine Feldlinien auf denen des elektrischen Feldes senkrecht stehen und die auf die Elektronen wirkende Lorentz-kraft der elektrischen Kraft entgegenwirkt, so gibt es Elektronen einer bestimmten Geschwindigkeit, die den Kondensator unabgelenkt passieren; diese können ausgeblendet und einer Bestimmung zugeführt wer-den.

Aus der Bedingung $F_{magn} = F_{elektr}$ für geradlinigen Flug eines Elektrons ergibt sich $e v B = e E$ und somit

$v = \dfrac{E}{B}$ Geschwindigkeit der unabgelenkten Elektronen

MAGNETOHYDRODYNAMISCHER GENERATOR Wird hei-ßes Plasma, also ein nach außen neutrales Gemisch aus positiven und negativen Ionen, mit hoher Geschwin-digkeit durch ein entsprechend gerichtetes permanen-tes Magnetfeld geleitet, so trennen sich die Ionenarten. Die Platten eines Kondensators werden gegensätzlich aufgeladen und bilden dann eine Spannungsquelle.

Der MHD-Generator kann innerhalb von Sekunden auf maximale Leistung gebracht werden und deshalb

MHD-Generator

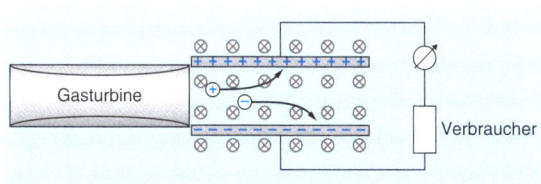

Lastspitzen abfangen oder als Notstromaggregat dienen. Verwendet man das ausströmende Gas noch zur Dampferzeugung für eine Dampfturbine, so erhält man insgesamt recht hohe Wirkungsgrade.

MASSENSPEKTROMETER NACH BAINBRIDGE Ein Massenspektrometer dient zur Trennung von geladenen Teilchen mit äußerst geringen Massenunterschieden, z. B. Isotopen desselben Elements, die ja nur wenige Neutronen mehr oder weniger besitzen.

Da diese Teilchen aufgrund ihrer Erzeugung und infolge ihrer unterschiedlichen Massen zusätzlich verschiedene Geschwindigkeiten besitzen, lässt man sie zunächst ein Geschwindigkeitsfilter passieren. Anschließend bewegen sich Teilchen gleicher Geschwin-

Massenspektrometer

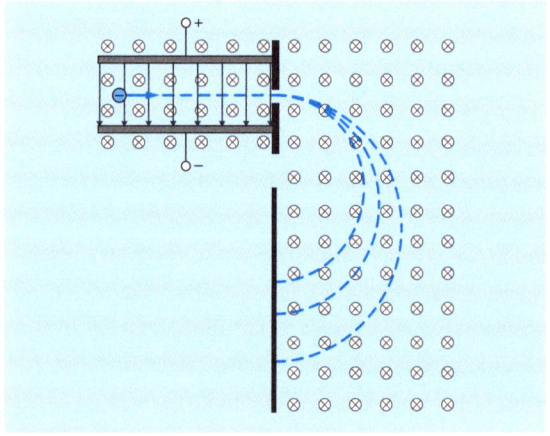

digkeit, aber unterschiedlicher Massen und eventuell auch unterschiedlicher Ladung durch das Magnetfeld. Dort laufen Teilchen gleicher Ladung, aber unterschiedlicher Massen auf Halbkreisbahnen mit verschiedenen Radien und werden z.B. auf einer Fotoplatte registriert.

Die Masse in Abhängigkeit vom Radius wird wie folgt berechnet:

Im Geschwindigkeitsfilter gilt $v = \frac{E}{B}$.

Im Magnetfeld gilt $F_Z = F_L \Rightarrow \frac{m v^2}{r} = q v B \Rightarrow \frac{m v}{r} = q B$.

Aus beiden folgt $\frac{m E}{r B} = q B \Rightarrow m = \frac{q B^2}{E} \cdot r$

ZYKLOTRON Zwei halbkreisförmige „Dosen", die Duanden, lassen eine schmale Öffnung frei, in der infolge der angelegten hochfrequenten Wechselspannung ein hochfrequentes elektrisches Wechselfeld herrscht. In diesem Feld können Ionen, die von einer Ionenquelle in der Mitte der Anordnung ausgehen, beschleunigt werden. Ein zu den Duanden senkrechtes, homogenes Magnetfeld zwingt die beschleunigten Teilchen auf Kreisbahnen, die infolge der zunehmenden kinetischen Energie der Teilchen immer größer werden. Die ganze Anordnung befindet sich im Vakuum.

Die Teilchen wechseln also ständig zwischen der Beschleunigung im elektrischen Feld zwischen den Duanden und einer stets größer werdenden Halbkreisbahn im Inneren der Duanden. Da die Teilchen die schmale Öffnung jedesmal von der anderen Seite durchlaufen, ist eine Wechselspannung angelegt. Schließlich führt eine Ablenkelektrode die beschleunigten Teilchen einem Versuch zu.

Zyklotron

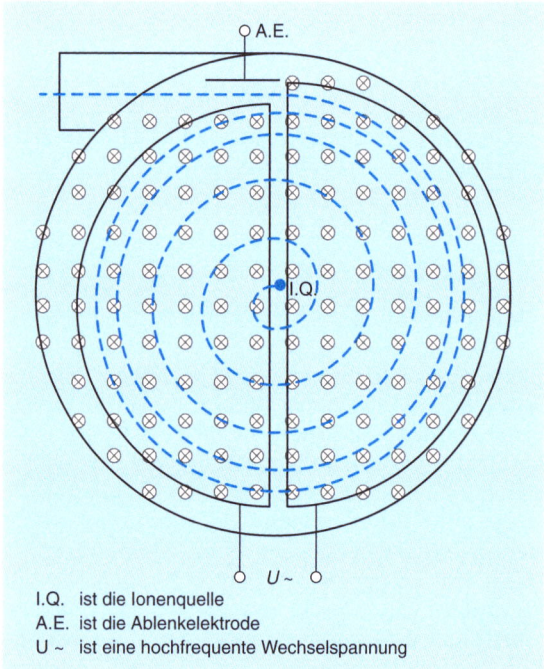

I.Q.   ist die Ionenquelle
A.E.   ist die Ablenkelektrode
U ~   ist eine hochfrequente Wechselspannung

Ein Zyklotron benötigt relativ wenig Platz, da die kinetische Energie der Teilchen stets durch dasselbe elektrische Feld erhöht wird und sie sich annähernd auf einer Spiralbahn bewegen. Da das Magnetfeld allerdings ziemlich stark sein muss, ist der Magnet recht groß und enthält sehr viel Eisen und Kupfer.
Das Zyklotron funktioniert so wie beschrieben aller-

dings nur, wenn die Teilchen im Takt bleiben, also unabhängig vom Radius stets die gleiche Zeit für einen
Umlauf benötigen. Diese Umlaufdauer lässt sich berechnen, da die Lorentzkraft die Zentripetalkraft ist:

$$F_Z = F_L \;\Rightarrow\; \frac{m\,v^2}{r} = q\,v\,B \;\Rightarrow\; r = \frac{m\,v}{q\,B} \;\left.\begin{matrix}\\ \\\end{matrix}\right\}$$

außerdem: $v = \frac{2\,\pi\,r}{T} \;\Rightarrow\; T = \frac{2\,\pi\,r}{v}$ $\left.\begin{matrix}\\\end{matrix}\right\} \;\Rightarrow\; T = \frac{2\,\pi\,m}{q\,B} = \text{const.}$

Die Frequenz der umlaufenden Teilchen und damit der
anzulegenden Wechselspannung erhält man aus

$$F_Z = F_L \;\Rightarrow\; \frac{m\,v^2}{r} = q\,v\,B \;\Rightarrow\; v = \frac{r\,q\,B}{m}$$

außerdem: $v = r\,\omega = r \cdot 2\,\pi\,f \;\Rightarrow\; f = \frac{v}{2\,\pi\,r}$ $\left.\begin{matrix}\\\end{matrix}\right\} \;\Rightarrow\; f = \frac{q}{2\,\pi\,m} \cdot B$

SYNCHROZYKLOTRON Das beschriebene Zyklotron kann
nur Teilchen beschleunigen, die infolge höherer Masse
nicht zu schnell und damit relativistisch werden, also
etwa Protonen. Bei der Beschleunigung von Elektronen
käme das Zyklotron infolge von deren spürbarer Mas-
senzunahme aus dem Takt. Abhilfe schafft eine Anpas-
sung der Frequenz der Beschleunigungsspannung, also
ein Synchrozyklotron.

Elektrizität und Magnetismus

6 Induktion

QUICK-FINDER

Induktion in bewegten und ruhenden Leitern; Induktionsgesetz

FLÄCHENÄNDERUNG **Versuch**: Ein Leiterstück wird mit der konstanten Geschwindigkeit $\vec{v}$ senkrecht zu den Feldlinien durch ein homogenes Magnetfeld der Breite l bewegt.

Beobachtung: An den Enden des Leiterstücks kann eine Spannung U_i abgegriffen werden.

Erklärung: Die mitbeweg-ten Leitungselektronen wer-den durch die Lorentzkraft F_L so lange zu einem Leiter-ende hin bewegt, bis sich mit der durch das entstehen-de elektrische Feld hervor-gerufenen elektrischen Kraft $\vec{F}_e$ ein Gleichgewicht ein-stellt (s. Skizze).

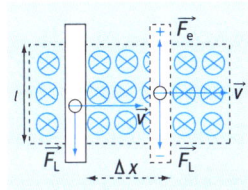

Durch die Ladungstrennung entsteht die Induktions-spannung U_i. Es gilt:

$$F_e = F_L \Rightarrow e\,E = e\,v\,B \\ \left. \begin{array}{l} E = \frac{U_i}{l} \\ v = \frac{\Delta x}{\Delta t} \end{array} \right\} U_i = B\,l\,v = B \cdot \frac{l \cdot \Delta x}{\Delta t} = B \cdot \frac{\Delta A}{\Delta t}$$

ΔA ist die vom Leiter im Magnetfeld überstrichene Fläche; U_i ist also eine Folge der Flächenänderung. Sind N_i Leiterstücke hintereinandergeschaltet, so gilt für $\Delta t \to 0$:

$$U_i = N_i\,B\,\dot{A} \quad \text{Induktionsspannung bei Flächenänderung}$$

FELDÄNDERUNG Versuch: In einer langgestreckten Feldspule befindet sich koaxial eine ruhende Induktionsspule mit N_i Windungen. Ändert man den Strom ΔI durch die Feldspule linear mit der Zeit Δt, so wird in der Induktionsspule eine konstante Spannung U_i induziert.

Induktion im ruhenden Leiter

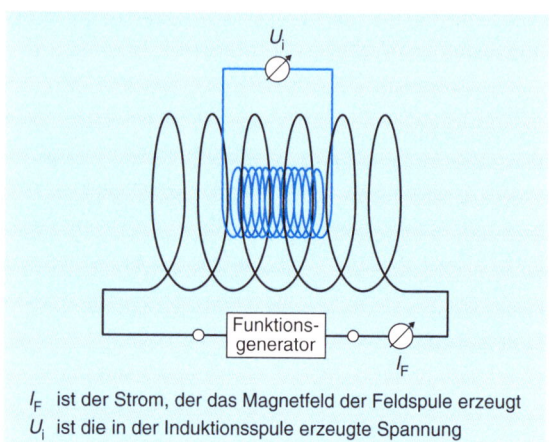

I_F ist der Strom, der das Magnetfeld der Feldspule erzeugt
U_i ist die in der Induktionsspule erzeugte Spannung

Ändert man auch die Windungszahl N_i und die Querschnittsfläche A der Induktionsspule und misst jeweils U_i, so erhält man

$$\left. \begin{array}{l} U_i \sim \frac{\Delta I}{\Delta t} \sim \frac{\Delta B}{\Delta t} \\ U_i \sim N_i \\ U_i \sim A \end{array} \right\} \quad U_i = N_i A \frac{\Delta B}{\Delta t},$$

da sich der Proportionalitätsfaktor durch die Definition der Stromstärkeeinheit zu 1 ergibt. U_i ist jetzt also eine Folge der Feld*änderung*. Für $\Delta t \to 0$ ist

$$U_i = N_i A \dot{B}$$ **Induktionsspannung bei Feldänderung**

INDUKTIONSGESETZ UND REGEL VON LENZ Ändert man A und B gleichzeitig, so ist nach der Produktregel
$U_i = N_i B \dot{A} + N_i A \dot{B} = N_i (\dot{A}B)$.

Definition: $\Phi = BA$ heißt **magnetischer Fluss**

6

Einheit: $[\Phi] = 1\frac{\text{Vs}}{\text{m}^2} \cdot 1\,\text{m}^2 = 1\,\text{Vs}$

Folgerung: $U_i = -N_i \cdot \dot{\Phi}$
Induktionsgesetz (differenzielle Form)

Das Minuszeichen steht wegen der Regel von Lenz: Der Induktionsstrom fließt immer so, dass das durch ihn entstehende Magnetfeld die Flussänderung, die ihn erzeugt, zu verhindern sucht.

VERSUCH ZUR REGEL VON LENZ Ein Aluminiumring ist bifilar so aufgehängt, dass er den Eisenkern eines mit Gleichstrom betriebenen Elektromagneten umschließt.
Man beobachtet, dass beim Schließen des Stromkreises der Ring von der Spule weggestoßen wird, beim Öffnen angezogen. Beim Schließen wird nämlich im Ring ein Strom solcher Richtung induziert, dass sein Magnetfeld sich vom Kern abstößt (also gleichnamige

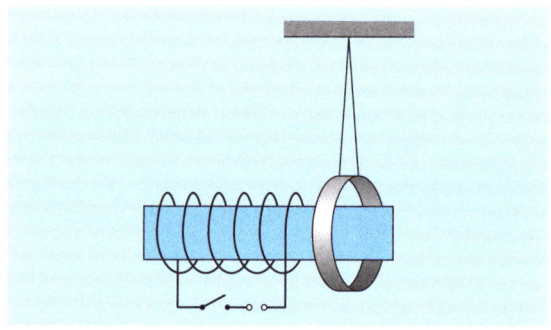

Pole gegenüber); beim Öffnen ist das Magnetfeld des Induktionsstromes so gerichtet, dass der Ring sich auf die Spule zu bewegt (also ungleichnamige Pole gegenüber).

Selbstinduktion, Induktivität

VERZÖGERTE STROMÄNDERUNG Versuch: Der eine Zweig eines verzweigten Gleichstromkreises enthält einen Ohm'schen Widerstand, der andere eine Spule mit Eisenkern. Schaltet man die Spannungsquelle ein bzw. wieder aus, so beobachtet man:

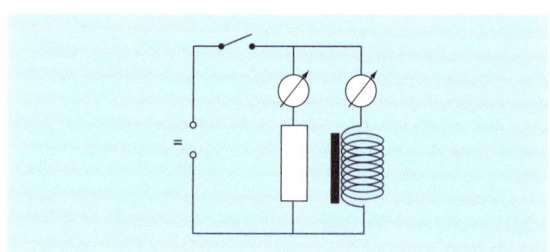

Beobachtung: Im Zweig mit dem Ohm'schen Widerstand ändert sich die Stromstärke unmittelbar – hier wird die angelegte Rechteckspannung sichtbar; im Zweig mit der Spule erfolgt der Anstieg bzw. der Abfall des Stromes verzögert.

SELBSTINDUKTION **Deutung:** In der Spule wird durch die Änderung des eigenen Magnetfeldes jeweils eine Spannung induziert, die nach der Regel von Lenz die Änderung des bestehenden Zustandes zu verhindern versucht. Beim Einschalten ist diese der angelegten Spannung also entgegen-, beim Ausschalten gleichgerichtet (Selbstinduktion). Es gilt

$$\left. \begin{array}{l} U_i = -N_i \cdot \dot{\phi} \\ \phi = B A \\ B = \mu I_F \frac{N_F}{l} \\ N_i = N_F \end{array} \right\} \;\Rightarrow\; U_i = -N_i \frac{d}{dt}\left(\mu A I \frac{N_F}{l}\right) = -\mu A \frac{N^2}{l} \dot{I}$$

Definition: $L = \mu A \frac{N^2}{l}$
heißt Induktivität einer langgestreckten Spule

Einheit: $[L] = 1\frac{Vs}{Am} \cdot 1\,m^2 \cdot \frac{1}{m} = 1\frac{Vs}{A} = 1\,H$ (Henry)

Folgerung: $U_i = -L\,\dot{I}$

6

Energieinhalt des homogenen magnetischen Feldes

AUFBAU EINES HOMOGENEN MAGNETFELDES Man betrachtet das homogene Feld einer lang gestreckten Luftspule, das durch den von 0 auf $I(t)$ zunehmenden Strom erzeugt wird. Zunächst berechnet man den magnetischen Fluss in Abhängigkeit vom Strom:

$$\Phi = B\,A = \mu_0 \cdot \frac{N \cdot I}{l} \cdot A = \mu_0 \cdot \frac{N \cdot A \cdot N}{l \cdot N} \cdot I = \frac{\mu_0 N^2 A}{l} \cdot \frac{I}{N} \;\Rightarrow$$

$$\Phi = L \cdot \frac{I}{N} \;\Rightarrow\; N\Phi = L\,I \;\Rightarrow\; N\Phi \sim I$$

Der Graph im $N\Phi$-I-Diagramm ist also eine Ursprungsgerade:

$N\Phi$-I-Diagramm

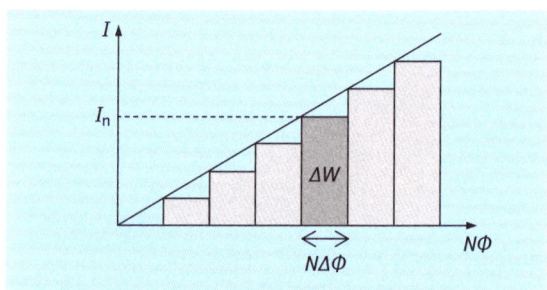

I	ist der beim Feldaufbau fließende Strom
$N\Phi$	ist das Produkt aus Windungszahl und magnetischem Fluss
ΔW	ist die zur Flussänderung $N\Delta\Phi$ benötigte Teilarbeit

STROMARBEIT Nun lässt sich die zum Aufbau des Feldes benötigte Arbeit als Summe der Teilarbeiten berechnen; diese Teilarbeiten sind im Diagramm als Rechtecksflächen dargestellt: $\Delta W = N\Delta\Phi \cdot I(t)$

Die Gesamtarbeit erhält man, wenn $\Delta\Phi$ gegen Null geht. Die Summe der dabei schmäler werdenden Rechtecke nähert sich dann der Dreiecksfläche an, die man direkt berechnen kann: $\quad W_{\text{ges}} = \lim\limits_{\Delta\Phi \to 0} \sum \Delta W = \frac{1}{2} N I_0 \Phi_0$

Setzt man nun noch $\Phi_0 = L \cdot \frac{I_0}{N}$ ein, so erhält man

$W_{\text{ges}} = \frac{1}{2} N I_0 \cdot \frac{L}{N} I_0 = \frac{1}{2} L I_0^2 \;\Rightarrow\; W_{\text{ges}} = \frac{1}{2} L I^2$

Energieinhalt des homogenen magnetischen Feldes

ENERGIEDICHTE Eine weitere Form des Energieinhalts einer Luftspule ergibt sich, wenn man die magnetische Feldstärke $H = I \cdot \frac{N}{l}$ einarbeitet:

$$W = \frac{1}{2} \cdot \frac{\mu_0 N^2 A}{l} \cdot \left(\frac{H \cdot l}{N}\right)^2 = \frac{1}{2} \mu_0 H^2 \cdot A\,l = \frac{1}{2} \cdot \mu_0 H \cdot H \cdot V$$

$$W = \frac{1}{2} B H V$$

Dabei ist V der Rauminhalt der Spule.

Schließlich ist $\varrho = \frac{W}{V} = \frac{1}{2} B H$ die Energiedichte eines homogenen Magnetfeldes.

ANALOGIEN Zwischen elektrischem und magnetischem Feld bestehen folgende Analogien:

elektrisches Feld ≙ **Magnetfeld**
Spannung U ≙ Strom I
Kapazität C ≙ Induktivität L

Aus dem Energieinhalt $W_e = \frac{1}{2} C U^2$ eines geladenen Plattenkondensators ergibt sich damit unmittelbar:

$W_m = \frac{1}{2} L I^2$.

Elektrizität und Magnetismus

7   Wechselspannung und Wechselstromkreis

QUICK-FINDER

Erzeugung einer sinusförmigen Wechselspannung

GENERATOR **Versuch:** In einem homogenen Magnetfeld wird eine Leiterschleife oder eine flache Spule mit konstanter Winkelgeschwindigkeit ω um eine zu den Feldlinien senkrechte Achse gedreht.

Generator

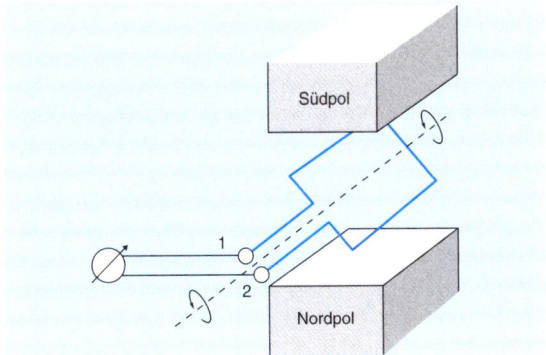

Beobachtung: An den Spulenenden wird eine Wechselspannung induziert. Steht die Spulenebene gerade senkrecht zu den Feldlinien, so ist die Induktionsspannung Null, steht die Spulenebene parallel zu den Feldlinien, so ist der Betrag der Induktionsspannung maximal.

SCHEITELSPANNUNG Da sich bei der Rotation die von den Feldlinien durchdrungene „wirksame" Spulenfläche (Windungszahl N_i) mit dem Drehwinkel φ ändert, gilt bei $\omega =$ const:

$$A(t) = A_0 \cos \varphi = A_0 \cos \omega t$$
$$\Rightarrow \Phi(t) = B \cdot A(t) = B \cdot A_0 \cos \omega t = \Phi_0 \cos \omega t$$
$$\Rightarrow U(t) = -N_i \dot{\Phi} = N_i \Phi_0 \omega \sin \omega t = U_0 \sin \omega t$$

> **Definition:** $U_0 = N_i \Phi_0 \omega$ heißt Scheitelspannung

Im geschlossenen Stromkreis mit dem Widerstand R ergibt sich wegen $R = \frac{U}{I}$:

$$I(t) = \frac{U(t)}{R} = \frac{U_0}{R} \sin \omega t = I_0 \sin \omega t$$

Wechselspannung und -stromstärke schwingen im Ohm'schen Stromkreis harmonisch und gleichphasig.

EFFEKTIVE STROMSTÄRKE UND SPANNUNG Um Wechselströme mit Gleichströmen vergleichbar zu machen, wird festgelegt:

Definition: Ein Wechselstrom hat die gleiche effektive Stromstärke I_{eff} wie ein Gleichstrom, wenn beide die gleiche Wärmeleistung erzeugen. Aus dem Vergleich der (mittleren) Leistungen im Wechselstrom- bzw. im Gleichstromkreis kann man berechnen:

$$I_{\text{eff}} = \frac{I_0}{\sqrt{2}} \quad \text{bzw.} \quad U_{\text{eff}} = \frac{U_0}{\sqrt{2}}$$

Wechselstromwiderstände

ZUSAMMENSCHAU Schaltet man Spulen und Kondensatoren als weitere Bauteile in einen Stromkreis, so können diese als Widerstände wirken. Für Wechselstrom gilt:

Definition: $X = \dfrac{U_{\text{eff}}}{I_{\text{eff}}}$ heißt **Wechselstromwiderstand**

Für den zeitlichen Verlauf der Stromstärke $I(t)$, die „Phasenverschiebung" $\Delta\varphi$, den Wechselstromwiderstand X und die Abhängigkeit des Wechselstromwiderstandes von der Frequenz der Wechselspannung $U(t) = U_0 \sin\omega t$ gilt jeweils:

7

Ohm'scher Widerstand	Kapazitiver Widerstand	Induktiver Widerstand
$I(t) = I_0 \sin\omega t$	$I(t) = I_0 \sin\left(\omega t + \dfrac{\pi}{2}\right)$	$I(t) = I_0 \sin\left(\omega t - \dfrac{\pi}{2}\right)$
$I_0 = \dfrac{U_0}{R}$	$I_0 = C\omega U_0$	$I_0 = \dfrac{U_0}{\omega L}$
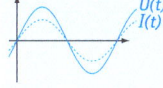	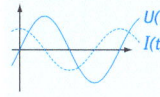	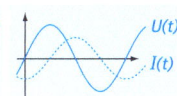
$\Delta\varphi = 0$	$\Delta\varphi = \dfrac{\pi}{2}$	$\Delta\varphi = -\dfrac{\pi}{2}$
	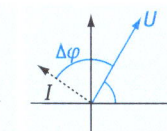	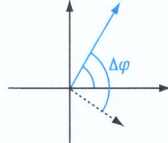
$X_R = \dfrac{U_0}{I_0} = R$	$X_C = \dfrac{1}{\omega C}$ **Reaktanz**	$X_L = \omega L$ **Induktanz**
–	$X_C \sim \dfrac{1}{f}$	$X_L \sim f$

Elektrizität und Magnetismus

8 Elektromagnetische Schwingungen und Wellen

QUICK-FINDER

QUICK-FINDER

Elektromagnetischer Schwingkreis, Thomson-Gleichung

SCHWINGKREIS Versuch: Ein Schwingkreis besteht aus Kondensator und Spule (und Ohm'schem Widerstand der Spule). Lässt man den Kondensator sich entladen, so fließt ein Strom, und infolge der Selbstinduktion in der Spule kommt eine (gedämpfte) Schwingung der Ladung, also auch von Strom und Spannung, zustande.

Strom und Spannung am Schwingkreis

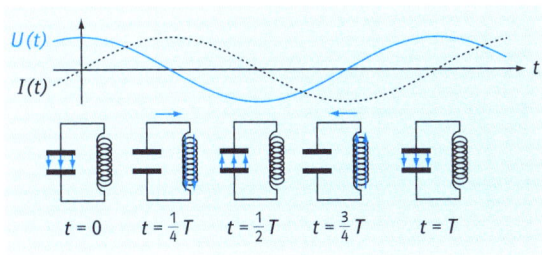

Beobachtung: Der Strom $I(t)$, der sich durch die am Ohm'schen Widerstand abfallende Spannung am Oszilloskop darstellen lässt, läuft der Spannung $U(t)$ am Kondensator um ein Viertel der Schwingungsdauer T nach: $|\Delta\varphi| = \frac{\pi}{2}$

DIFFERENTIALGLEICHUNG DER UNGEDÄMPFTEN ELEKTROMAGNETISCHEN SCHWINGUNG Vernachlässigt man den Ohm'schen Widerstand und somit Wärmeverluste, so ist nach dem Energieerhaltungssatz:

$$W_{\mathrm{m}}(t) + W_{\mathrm{e}}(t) = W = \text{const} \Rightarrow \frac{1}{2}LI^2 + \frac{1}{2}\frac{Q^2}{C} = \text{const}$$

Nach Differentiation (nachdifferenzieren!) folgt:

$$\frac{1}{2} \cdot L \cdot 2I \cdot \dot{I} + \frac{1}{2} \cdot \frac{1}{C} \cdot 2Q \cdot \dot{Q} = 0 \;\Rightarrow$$

nach Kürzung von $\dot{Q} = I$ und nochmaliger Differentiation: $L \cdot \ddot{I} + \frac{1}{C} \cdot \dot{Q} = 0 \;\Rightarrow\; L \cdot \ddot{I} + \frac{1}{C} \cdot I = 0$

Daraus erhält man mit $\ddot{I} + \frac{1}{LC} \cdot I = 0$ die Differentialgleichung der freien ungedämpften elektromagnetischen Schwingung.

Setzt man $I(t) = I_0 \sin(\omega t + \Delta\varphi)$

und $\ddot{I}(t) = -I_0 \omega^2 \sin(\omega t + \Delta\varphi)$

in die letzte Gleichung ein, so ergibt sich

$$-I_0 \omega^2 \sin(\omega t + \Delta\varphi) + \frac{1}{LC} \cdot I_0 \sin(\omega t + \Delta\varphi) = 0$$

sowie nach Ausklammern

$$\left(\frac{1}{LC} - \omega^2\right) I_0 \sin(\omega t + \Delta\varphi) = 0.$$

Dies ist nur für $\frac{1}{LC} - \omega^2 = 0$ stets erfüllbar;

$$\Rightarrow\; \omega = \frac{1}{\sqrt{LC}} \;\Rightarrow\; f = \frac{1}{2\pi\sqrt{LC}}$$

$$\Rightarrow\; T = 2\pi\sqrt{LC} \quad \text{Thomson-Gleichung}$$

Definition: Ein frei schwingender Schwingkreis schwingt mit der Eigenfrequenz $f_0 = \frac{1}{2\pi\sqrt{LC}}$.

Erzwungene elektromagnetische Schwingungen, Resonanz

ERZWUNGENE SCHWINGUNGEN Wie bei mechanischen Oszillatoren kann auch ein elektromagnetischer Schwingkreis der Eigenfrequenz f_0 durch einen anderen mit regelbarer Frequenz $f(t)$ zu erzwungenen Schwingungen angeregt werden. Dazu werden die beiden Schwingkreise z. B. durch ein gemeinsames Magnetfeld aneinander gekoppelt. Die „Kopplung" lässt sich durch einen gemeinsamen Eisenkern verstärken. Als erregender Schwingkreis dient z. B. ein Tonfrequenzgenerator, die Schwingungen in beiden Oszillatoren können durch ein Zweistrahl-Oszilloskop gleichzeitig sichtbar gemacht werden:

8

Elektromagnetischer Oszillator

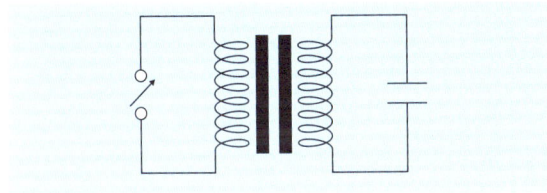

RESONANZ Auf dem Oszilloskop beobachtet man die Veränderung der Frequenzen der beiden Sinuskurven sowie ihre Amplituden. Außerdem achtet man auf die Phasendifferenz $\Delta\varphi$ der Kurven. Es zeigt sich:

- Die Amplitude der erregenden Schwingung bleibt nahezu konstant.
- Für $f(t) \ll f_0$ sind die Schwingungen weit, erregende und erregte Schwingung sind in Phase, die Amplitude

der erregten Schwingung ist kaum größer als die der erregenden Schwingung.

- Für $f(t) = f_0$ sind die Schwingungen um $\frac{\pi}{2}$ gegeneinander versetzt, die Amplitude der erregten Schwingung ist maximal: „Resonanz".
- Für $f(t) \gg f_0$ sind die Schwingungen eng und um π gegeneinander versetzt, also gegenphasig, die Amplitude der erregten Schwingung strebt gegen Null.

Die Dämpfung kann im elektromagnetischen Schwingkreis durch den Ohm'schen Widerstand verändert werden. Es folgen den mechanischen analoge Erscheinungen.

Elektrische Dipolschwingungen, Dipolstrahlung

UKW-OSZILLATOR Aus der Thomson-Gleichung folgt, dass die Schwingungsdauer um so kürzer bzw. die Frequenz um so höher wird, je kleiner Kapazität und Induktivität sind. Benützt man zur Erzeugung und Steuerung einer elektromagnetischen Schwingung eine Triode und reduziert die Spule auf den Drahtbügel zwischen Anode und Gitter bzw. den Kondensator auf den aus Gitter und Anode gebildeten, so erhält man eine Frequenz von über 100 MHz (UKW-Bereich).

Versuch: Man berührt den oberen Teil des Bügels mit einer Glimmlampe (Versuchsanordnung s. S. 109).

Beobachtung: Beide Elektroden der Lampe glimmen, was Wechselspannung, also Schwingung belegt.

STROM UND SPANNUNG AM DIPOL **Versuch:** Man bringt einen zweiten Bügel mit einem Glühbirnchen und

Versuchsanordnung

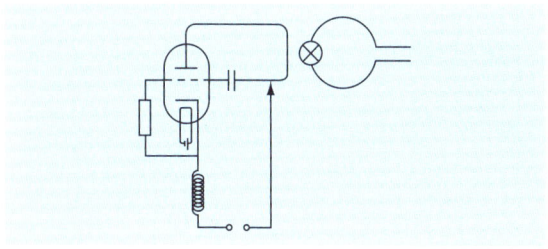

offenem Ende (Kondensator!) in die Nähe des ersten (s. Skizze).

Beobachtung: Das Lämpchen glüht, was (Induktions-) Strom bezeugt, der in dem offenen Leiterstück nur als Schwingung erklärt werden kann.

Versuch: Man „biegt die Schleife auf" zu einem geraden Leiter und bringt sie wieder in die Nähe des UKW-Bügels.

Beobachtung: Das Lämpchen glüht immer noch, bei passender Länge des Leiters sogar optimal, was auf starke Stromänderung in der Leitermitte schließen lässt.

Versuch: Man tastet den Leiter optimaler Länge über ein Glimmlämpchen ab (das jedes Mal gezündet werden muss).

Beobachtung: Das Lämpchen glimmt an den Enden des Leiters am stärksten, was auf starke Ladungsänderung dort schließen lässt. Der aus einem geraden Leiter

8

bestehende „offene" Schwingkreis heißt Hertz'scher Dipol.

STEHENDE WELLEN AM DIPOL **Folgerungen:** Die Beobachtungen lassen sich deuten, wenn man annimmt, dass im Dipol die Elektronen schwingen: „Elektronenstau" an alternierenden Dipolenden wechselt ständig mit Elektronenfluss alternierender Richtung um dessen Mitte. Die getrennten Ladungen erzeugen ein elektrisches Feld im ständigen Wechsel mit einem bei Stromfluss erzeugten Magnetfeld. Auch die Polung dieser Felder wechselt ständig im Rhythmus der Eigenfrequenz, die sich aus $c = \frac{\lambda}{T} = \lambda \cdot f$ mit $\lambda = 2l$ berechnen lässt. Die Eigenfrequenz eines Dipols ist also durch seine Länge bestimmt. Die Ladungsbewegung kann als stehende Längswelle gedeutet werden.

ELEKTROMAGNETISCHE STRAHLUNG **Versuch:** Unmittelbar neben dem UKW-Bügel wird ein Dipol optimaler Länge platziert. In zunächst geringer Entfernung befindet sich parallel dazu ein zweiter, gleich langer Dipol mit einer Glühlampe in der Mitte. Bei größerer Entfernung wird das Glühlämpchen durch einen Hochfrequenz-Gleichrichter (Germanium-Diode) ersetzt und ein Amperemeter parallel geschaltet. Der zweite Dipol wird auch um 90° gedreht.

Beobachtung: Das Lämpchen glüht bzw. das Amperemeter schlägt auch in einer Entfernung von mehreren Metern aus, wenn die Dipole nicht aufeinander senkrecht stehen.

Folgerung: Vom ersten Dipol (Sender) geht eine elektromagnetische Strahlung aus, die vom zweiten Dipol (Empfänger) angezeigt werden kann; dessen Elektronen werden durch Influenz aus dieser Strahlung zum Schwingen angeregt.

> **Merke:** Die am Sender entstandenen elektrischen und magnetischen Felder lösen sich vom Dipol ab und bewegen sich in etwa kugelförmig durch den Raum. Ein sich abschwächendes elektrisches Feld baut dabei stets ein Magnetfeld auf und umgekehrt (Wechselfeld). Ein geeignet platzierter, auf die Frequenz abgestimmter Empfänger wirkt als „Antenne". Die Ausbreitung im Raum ist offensichtlich mit einem Energietransport verknüpft.

8

In der elektromagnetischen Strahlung breitet sich also eine Zustandsänderung aus, sie bildet eine Welle.

Eigenschaften elektromagnetischer Wellen

GEMEINSAMKEITEN Verkleinert man mit Hilfe der Technik Induktivität und Kapazität der Schwingkreise weiter, so erhält man Wellen abnehmender Wellenlänge: Dezimeterwellen, Zentimeterwellen, Mikrowellen. Schließlich zeigt auch das Licht Eigenschaften, die nur erklärt werden können, wenn man es als elektromagnetische Welle auffasst.

Alle elektromagnetischen Wellen haben die gleichen physikalischen Eigenschaften: Sie benötigen kein Medium, sind transversal, zeigen Reflexion, Brechung,

Beugung, Interferenz und Polarisation, können stehende Wellen bilden und breiten sich im Vakuum mit der Geschwindigkeit $c = \lambda f$ aus. Sie unterscheiden sich jedoch in der Erzeugung, in den Möglichkeiten, die jeweilige Strahlung zu registrieren, sowie in der Wirkung auf Materie.

REGISTRIERUNG VON WELLEN Ein gut geeignetes Modell, um auch über elektromagnetische Wellen Erkenntnisse zu gewinnen, bilden die Wellen auf einer Wasseroberfläche (vgl. Kapitel „Mechanische Schwingungen und Wellen").

Während man bei Wasserwellen das ganze „Feld" auf einmal überblicken kann, sind bei elektromagnetischen Wellen Nachweisgeräte nötig: Dipolstrahlung kann nur punktuell mit einem Empfangsdipol erfasst und z. B. über einen Verstärker und einen Lautsprecher hörbar gemacht werden. Sichtbares Licht wiederum lässt sich mit einem „Schirm" auffangen, der somit einen Schnitt in der Regel quer zur Ausbreitungsrichtung bietet.

MAXIMA UND MINIMA Auch für elektromagnetische Wellen gelten die bekannten Formeln für Maxima und Minima bei der Interferenz von zwei Kreiswellensystemen (Herleitung vgl. Kapitel „Mechanische Schwingungen und Wellen"):

$|\Delta s| = k\lambda = 2k \cdot \frac{\lambda}{2}, \ k \in \mathbb{N}_0$ Bedingung für Maxima

$|\Delta s| = (2k-1) \cdot \frac{\lambda}{2}, \ k \in \mathbb{N}$ Bedingung für Minima

Die Differenz Δs der beiden Weglängen heißt Gangunterschied.

Bei Licht sind mit „Maxima" helle und mit „Minima" dunkle Bereiche bzw. Linien auf dem Schirm gemeint.

INTERFERENZ VON DIPOLSTRAHLUNG Um mit Dipolstrahlung Interferenz zu erzeugen, benötigt man zwei Sender gleicher Wellenlänge. Stehende Dipolwellen bilden sich zwischen zwei Sendern, deren Abstand ein ganzzahliges Vielfaches der Wellenlänge beträgt. Die Bedingungen für die Interferenz von Licht werden getrennt behandelt.

> **Merke:** Beugung und Interferenz sind nur durch die Welleneigenschaft erklärbar; sie sind umgekehrt das Mittel, um den Wellencharakter einer Strahlung nachzuweisen. Wellenlängen lassen sich in stehenden Wellen messen oder über Interferenzerscheinungen berechnen.

8

Polarisation von Dipolstrahlung

NACHWEIS DURCH EIN METALLGITTER Aufgrund ihrer Entstehung sind Dipolwellen stets Transversalwellen, d. h. der elektrische Feldvektor schwingt senkrecht zur Ausbreitungsrichtung, parallel zum Sendedipol. Man sagt: Dipolwellen sind linear polarisiert. Dies lässt sich nachweisen, indem man zwischen Sende- und Empfangsdipol ein Gitter aus Metallstäben platziert. Stehen die Metallstäbe senkrecht zu Sende- und Empfangsdipol, so ist kein Unterschied zu bemerken. Sind sie hingegen parallel, so wird kein Empfang mehr registriert.

WIRKUNG DES GITTERS Der Grund ist, dass in den parallel stehenden Metallstäben des Gitters durch den schwingenden Feldvektor der Strahlung die Elektronen wegen Influenz zu erzwungenen Schwingungen angeregt werden. Sie wirken dann ihrerseits als Sender, deren Wellen die ankommende Strahlung hinter dem Gitter auslöschen. Stehen die Metallstäbe senkrecht zu den Dipolen kommt keine erzwungene Schwingung der Elektronen zustande, da die Metallstäbe zu dünn sind.

Merke: Polarisation tritt nur bei transversalen Wellen auf.

DREHUNG DER POLARISATIONSEBENE Bilden Sendedipol und Gitter einen von Null verschiedenen Winkel, so

Gedrehtes Gitter

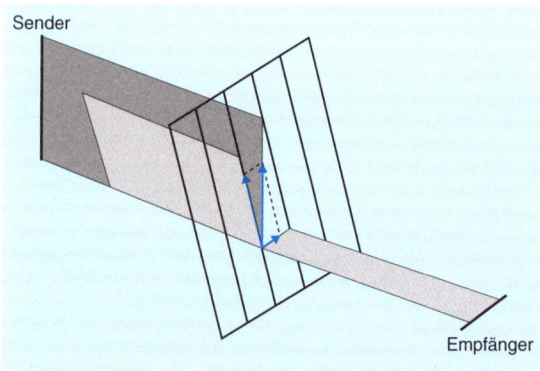

wird die zu den Gitterstäben senkrechte Komponente des Feldvektors „durchgelassen" und kann mit dem zu ihr parallel gerichteten Empfangsdipol optimal empfangen werden. Durch das Gitter kann also die Polarisationsebene der Dipolstrahlung gedreht werden, allerdings unter Verlust an Energie.

DAS BREWSTER'SCHE GESETZ Betrachtet man die Reflexion von Dipolstrahlung in derjenigen Einfallsebene, in der auch der elektrische Feldvektor schwingt, so ist zu beobachten, dass es einen Einfallswinkel ε_B gibt, für den keine Reflexion auftritt. Offenbar tritt bei diesem Einfallswinkel die gesamte Strahlung unter einem Brechungswinkel ε' ins Schirmmaterial ein.

Die Erscheinung kann gedeutet werden, wenn man davon ausgeht, dass i. A. gebrochene und reflektierte Welle aus einer erzwungenen Schwingung resultieren, zu der Ladungen im Schirmmaterial angeregt wurden. Diese erzwungene Schwingung sendet jedoch – wie ein Dipol – nicht senkrecht zur Ausbreitungsrichtung. Das

8

Der Brewster-Winkel

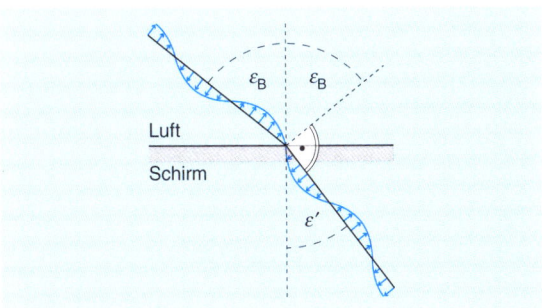

ist aber der Fall, wenn die gebrochene Welle und die Reflexionsrichtung einen rechten Winkel bilden.

Dann gilt mit dem Brechungsindex n für ε_B das Brewster'sche Gesetz:

$$n = \frac{\sin \varepsilon_B}{\sin \varepsilon'} = \frac{\sin \varepsilon_B}{\sin (90° - \varepsilon_B)} = \frac{\sin \varepsilon_B}{\cos \varepsilon_B} = \tan \varepsilon_B.$$

Wellenoptik: Interferenz am Doppelspalt, am Gitter und durch Reflexion; Bragg-Reflexion

GEEIGNETE LICHTQUELLEN Aufgrund seiner Erzeugung besteht das Licht eines glühenden Körpers aus elektromagnetischen Wellen unterschiedlicher Wellenlänge, Schwingungsrichtung und Phasenlage. Um damit Interferenzerscheinungen entstehen zu lassen, muss es durch eine Spaltblende „kohärent" und eventuell durch Filter monochromatisch gemacht werden. Im Gas-Laser entsteht dagegen monochromes, polarisiertes und kohärentes Licht von sehr geringem Öffnungswinkel.

DOPPELSPALT Versuch: Das rote Licht eines Gas-

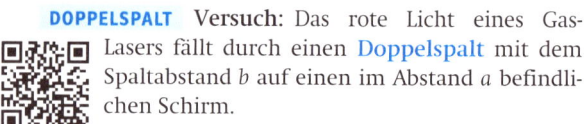

Lasers fällt durch einen Doppelspalt mit dem Spaltabstand b auf einen im Abstand a befindlichen Schirm.

Beobachtung: Es entsteht das typische Streifenmuster einer Interferenzerscheinung. Bei Doppelspaltversuchen mit Licht ist gewährleistet, dass der Spaltabstand b gegenüber dem Schirmabstand a sehr klein ist, so dass die von den Spalten auf den Punkt P treffenden Strahlen als parallel angenommen werden dürfen.

Doppelspaltversuch

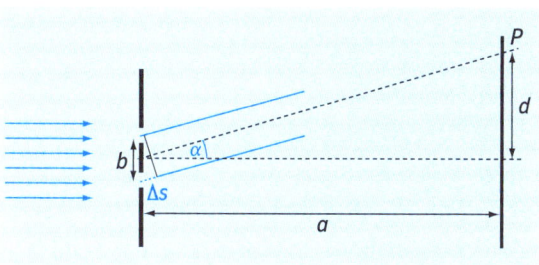

Dann schließt das Lot von der einen Spaltmitte auf den anderen Strahl mit der Blendenebene ebenfalls den Winkel α ein (s. Skizze); α liegt dem Gangunterschied Δs gegenüber, so dass in dem entstandenen rechtwinkligen Dreieck gilt:

$$\Delta s = b \cdot \sin\alpha \quad \text{Gangunterschied}$$

α seinerseits könnte aus dem Schirmabstand und dem seitlichen Abstand d des Punktes P bestimmt werden aus

$$\tan\alpha = \frac{d}{a}$$

Da beim Doppelspaltversuch jedoch $d \gg a$ ist, kann für im Bogenmaß gemessene Winkel die Kleinwinkelnäherung $\sin\alpha \approx \tan\alpha \approx \alpha$ verwendet werden.

BERECHNUNG DER WELLENLÄNGE Somit lässt sich schließlich die Wellenlänge des Laser-Lichts aus messbaren Größen berechnen, wenn man noch für d speziell den seitlichen Abstand d_k des k-ten Maximums oder Minimums bestimmt. Da jedoch die Lage des Maximums 0-ter Ordnung nur schwer feststellbar ist, misst man den Abstand zwischen benachbarten Minima oder Maxima, der unabhängig von der Lage ist. Für Maxima gilt dann:

$$\Delta s = k\lambda = b \cdot \sin\alpha_k \approx b \cdot \tan\alpha_k = b \cdot \frac{d_k}{a} \Rightarrow d_k \approx k \cdot \frac{a \cdot \lambda}{b},$$

womit wegen der Konstanz von a, b und λ auch die Äquidistanz der Maxima nachgewiesen ist.

$$\Rightarrow \Delta d = d_k - d_{k-1} = k \cdot \frac{a \cdot \lambda}{b} - (k-1) \cdot \frac{a \cdot \lambda}{b}$$

$$= k \cdot \frac{a \cdot \lambda}{b} - k \cdot \frac{a \cdot \lambda}{b} + \frac{a \cdot \lambda}{b} = \frac{a \cdot \lambda}{b} \Rightarrow \lambda = \frac{b \cdot \Delta d}{a}$$

ZAHL DER MAXIMA Aus $k\lambda = b \cdot \sin\alpha$ folgt wegen $-1 \leqq \sin\alpha \leqq 1$ auch $-\frac{b}{\lambda} \leqq k \leqq \frac{b}{\lambda}$, woraus die Höchstzahl $2k+1$ der erzeugten Maxima folgt. Ist auch b unbekannt, so kann diese Größe nach Projektion des Doppelspalts auf einen Schirm mit Hilfe des Strahlensatzes berechnet werden.

MEHRFACHSPALT UND GITTER Geht man vom Doppelspalt zu einer hohen Zahl von Spalten über, so gelangt man über den Mehrfachspalt zum Gitter. Während – monochromatisches Licht vorausgesetzt – bei gleichbleibendem Spaltabstand beim Mehrfachspalt zwischen den Hauptmaxima noch Nebenmaxima sichtbar sind, werden letztere mit zunehmender Strichzahl immer schwächer, die Hauptmaxima immer stärker und schärfer. Verringert man auch noch den Spaltabstand b (Gitterkonstante), so wird der seitliche Abstand d_k der Hauptmaxima und somit auch ihr gegenseitiger Abstand immer größer und immer genauer messbar, die Wellenlänge also immer genauer berechenbar. Die vom Doppelspalt bekannten Formeln gelten weiterhin.

Achtung: Bei kleiner Gitterkonstante gilt die Kleinwinkelnäherung nicht mehr! Bei Aufgaben ist es geschickt, statt allgemeiner Rechnung mit der trigonometrischen Beziehung $\sin\alpha = \dfrac{\tan\alpha}{\sqrt{1+\tan^2\alpha}}$ den Wert von α mit dem Taschenrechner zu bestimmen und (ungerundet!) weiterzuverarbeiten.

ARTEN VON SPEKTREN **Versuch:** Benutzt man statt des Lasers Glühlicht (z. B. die Bogenlampe), so benötigt man im Versuchsaufbau zusätzlich einen Kondensor, einen Kohärenzspalt und eine Sammellinse.

Beobachtung: Bei Mehrfachspalten werden Farbränder der Maxima erkennbar, beim Gitter erhält man mehrere kontinuierliche Spektren in den Regenbogenfarben.

Folgerung: Weißes Licht ist aus verschiedenfarbigem Licht zusammengesetzt; die Farbe ist durch die Wellenlänge bestimmt.

Benützt man Gasentladungsröhren als Lichtquellen, so besteht das Spektrum aus einer für die jeweilige Gasart charakteristischen Kombination aus einzelnen Linien (Linienspektrum). Dies beinhaltet auch die Möglichkeit, aus dem Spektrum auf die Art des leuchtenden Gases zu schließen (Spektralanalyse).

VERSUCH VON POHL   Eine Möglichkeit, Interferenz auf

Versuch von Pohl

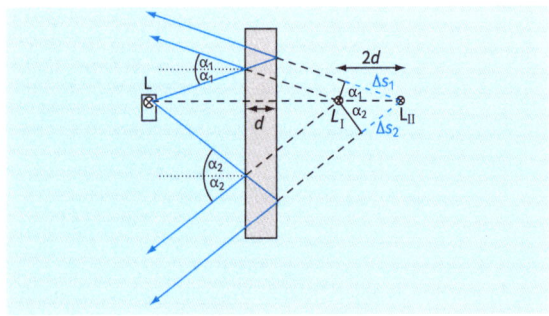

einem anderen Weg als durch Beugung zu erzeugen, bietet neben Fresnel'schem Doppelspiegel- und Biprisma-Versuch oder den Newton'schen Ringen vor allem der Versuch von Pohl.

Versuch: Das nahezu monochromatische Licht einer Natrium-Lampe trifft auf ein dünnes Glimmerplättchen und wird von dort auf eine Wand reflektiert.

Beobachtung: Es entsteht ein Interferenzmuster aus einer Vielzahl konzentrischer Kreise.

Erklärung: Vorder- und Rückseite des Glimmerplättchens wirken als Spiegel, die zwei virtuelle Lichtquellen erzeugen. Die Brechung im Glimmerplättchen kann vernachlässigt werden. Der Radius eines Interferenzringes hängt vom Einfallswinkel α des Lichts ab (siehe Skizze). Die virtuellen Lichtquellen L_I und L_{II} haben das Doppelte der Plättchendicke d als Abstand;

außerdem tritt bei der Reflexion am dichteren Medium ein Phasensprung um π auf, so dass der Gangunterschied $\Delta s = 2\,d \cdot \cos\alpha + \frac{\lambda}{2}$ beträgt, was auch ausdrückt, dass Δs mit wachsendem Einfallswinkel α kleiner wird.

BRAGG-REFLEXION Um Röntgenstrahlung mit Hilfe der Interferenz zu untersuchen, ist kein Gitter fein genug herstellbar, da der Spaltabstand ja in der Größenordnung der Wellenlänge der Strahlung liegen muss. Deshalb benützt man Kristalle, deren Netzebenen etwa den benötigten Abstand haben.

Die Röntgen-Strahlen werden an den Atomen des Kristalls gestreut und nur in solche Richtungen verstärkt, in denen sie in Phase sind. Um monochromatische Röntgenstrahlung zu erhalten, benutzt man ein Zirkon-Filter. Der Gangunterschied für Maxima der reflektierten Strahlung beträgt also

$\Delta s = 2 \cdot (d \cdot \sin\alpha) = k \cdot \lambda$ für $k \in \mathbb{N}$.

α heißt Glanzwinkel.

$$2d\sin\alpha = k \cdot \lambda \quad \textbf{Bragg'sche Bedingung}$$

Bragg-Reflexion

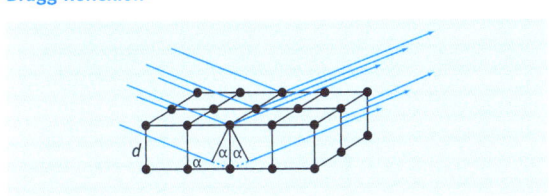

BRAGG'SCHE DREHKRISTALLMETHODE Bei der Bragg'schen Drehkristallmethode bleibt der einfallende Strahl fest – was unter Berücksichtigung der Größe einer Röntgenapparatur sinnvoll erscheint – und der Kristall als Spiegel wird gedreht. Bekanntlich kann dann der reflektierte Strahl unter dem Ablenkungswinkel 2α nachgewiesen werden. Umgekehrt dient die Versuchsanordnung dazu, den Netzebenenabstand d des Kristalls aus der Wellenlänge zu bestimmen. Benutzt man nicht einen einzelnen Kristall als Spiegel, sondern Kristallpulver, so liegt eine sehr hohe Zahl von kleinsten, nach allen Richtungen des Raumes reflektierenden Spiegeln vor; als Interferenzmuster entsteht ein System von konzentrischen Kreisen.

Polarisation von Licht

POLARISATOR Während Dipol-Strahlung aufgrund ihrer Erzeugung polarisiert ist, trifft dies vor allem auf Glühlicht – also auch auf Sonnenlicht – nicht zu, denn es kommen alle Schwingungsrichtungen des elektrischen Feldvektors vor. Lässt man dieses Licht jedoch durch ein „Polarisationsgitter" laufen, so kann man Lichtwellen mit einer bestimmten Schwingungsebene herausfiltern. Als solcher „Polarisator" eignen sich bestimmte Kunststofffolien wegen ihrer gitterartigen molekularen Struktur.

ANALYSATOR Zum Nachweis der Polarisation von Licht dient eine zweite gleichartige Kunststofffolie, die man als „Analysator" bezeichnet. Bilden die Polarisierungsrichtungen von Polarisator und Analysator einen rechten Winkel, so dringt kein Licht durch.

Elektromagnetisches Spektrum

SICHTBARES LICHT Das sichtbare Licht umfasst nur den Wellenlängenbereich von 390 nm bis 770 nm. Sowohl seine Erzeugung durch Übergänge von Elektronen in der äußeren Atomhülle als auch sein Nachweis durch die Zäpfchen der Netzhaut oder lichtempfindliche Stoffe einer Fotoplatte erfolgen quantenhaft, was natürlich auch für Strahlung noch kürzerer Wellenlänge gilt.

IR UND UV An das langwellige, rote Ende des sichtbaren Lichts schließt sich Infrarot an, das durch Schwingungen von Atomen und Molekülen entsteht und als Wärmestrahlung empfunden werden kann. Noch größere Wellenlängen besitzen Mikrowellen. Weiter in dieser Richtung folgen Radiowellen und schließlich Wechselströme, die technisch erzeugt und auch technisch nachgewiesen werden. An den kurzwelligen, violetten Rand des sichtbaren Lichts schließt sich Ultraviolett an, für das der Mensch kein Sinnesorgan hat (im Gegensatz z. B. zu Vögeln und Insekten), das aber biologisch wirksam ist.

RÖNTGEN- UND GAMMASTRAHLUNG Röntgenstrahlung hat noch kürzere Wellenlängen. Sie setzt sich aus zwei Anteilen zusammen: Dem kontinuierlichen Bremsspektrum, das eine von der Beschleunigungsspannung der Röntgenröhre abhängige scharfe Kante besitzt, sowie dem charakteristischen Röntgenspektrum, das durch Übergänge von Elektronen in der inneren Atomhülle entsteht und deshalb von der Art des Atoms abhängt.

Auf die Röntgenstrahlung folgen noch Gammastrahlung, die bei Kernprozessen entsteht, und kosmische Strahlung.

Mikrowellen und Infrarot bzw. Ultraviolett und Röntgenstrahlung bzw. Röntgen- und Gammastrahlung überdecken sich jeweils teilweise; sie unterscheiden sich aber nur in der Art ihrer Erzeugung.

Der Dopplereffekt

Wie man den bekannten Umschlag der
Tonhöhe der Sirene eines vorbeifahrenden Kranken-
wagens anschaulich erklärt, dürfte keine allzu große
Schwierigkeit bereiten: Die Schallwelle vor dem na-
henden Wagen wird gestaucht, die Wellenlänge ist dadurch kürzer, und am Ort des „Beobachters" wird ein
höherer Ton wahrgenommen. Hinter der sich entfer-
nenden Schallquelle ist die Welle gedehnt, der Ton also
tiefer als der der ruhenden Sirene. Versucht man diesen akustischen Doppler-Effekt allerdings in Formeln
zu fassen, so bereitet das einige Mühe. Schuld daran
ist die Luft, die als Medium für die Übertragung von
Schall dient.

Das ist bei den elektromagnetischen Wellen anders. Da
sie sich ohne Medium fortpflanzen können, hängt der
optische Doppler-Effekt nur von der Relativgeschwindigkeit von Sender und Empfänger und der Lichtgeschwindigkeit ab.

Hört man den Begriff „Radar", so denkt man meist
an die Geschwindigkeitsmessungen der Polizei. Dabei gibt es eine Vielzahl von Anwendungen dieses Or-
tungsverfahrens, das mit elektromagnetischen Wellen
im Radiobereich arbeitet. Allen gemeinsam ist, dass die
Strahlen an einem Gegenstand reflektiert und wieder
empfangen werden. Im einfachsten Fall kann man so
mit Hilfe der Laufzeit des Strahls die Entfernung dieses
Gegenstandes vom Sender bestimmen: Das Rundsicht-
radar im Flug- und Schiffsverkehr ortet Flugzeuge oder
Schiffe, das Bordradar eines Flugzeugs kann Gewitter-
fronten und andere Flugzeuge ausmachen.

Wie funktioniert nun ein zur Verkehrsüberwachung eingesetztes Radargerät? Es benützt den Doppler-Effekt! Danach hat der von einem sich bewegenden Fahrzeug reflektierte Strahl eine andere Frequenz als der abgestrahlte. Aus dem gemessenen Frequenzunterschied kann die Geschwindigkeit des Fahrzeugs berechnet werden.

Selbstverständlich zeigt auch das Licht den Dopplereffekt. Im Unterschied zum Schall äußert sich bei ihm die Frequenzänderung in einer Farbänderung. Allerdings besteht keine Chance, diese mit dem Auge wahrzunehmen und als solche zu erkennen. Vielmehr muss man das Spektrum der bewegten Lichtquelle aufnehmen und mit dem Spektrum des Lichts im Labor vergleichen. Dann stellt man fest, dass das Spektrum der bewegten Lichtquelle gegenüber demjenigen auf der Erde verschoben ist.

Mit diesem Verfahren kann man die Geschwindigkeiten von Planeten, Sternen und Galaxien relativ zur Erde messen.

Der amerikanische Astronom Edwin Hubble entdeckte in den Zwanzigerjahren des vorigen Jahrhunderts, dass es erheblich mehr Galaxien mit zum roten, also langwelligen Ende hin verschobenen als mit blauverschobenen Spektren gibt. Aus dem **Dopplereffekt** lässt sich daraus ableiten, dass sich fast alle beobachteten Galaxien von uns entfernen. Hubble entdeckte auch einen direkten proportionalen Zusammenhang zwischen der Rotverschiebung und der Entfernung der beobachteten Galaxie, was bedeutet, dass sich eine Galaxie um so schneller von uns fort bewegt, je weiter sie entfernt ist.

Teilchenphysik

9 Quantenphysik

QUICK-FINDER

Materiewellen

Heisenberg'sche Unschärferelation ▶

Lichtelektrischer Effekt und Planck'sches Wirkungsquantum; Photon

LICHTELEKTRISCHER EFFEKT Versuch: Eine auf einem Elektroskop befestigte, frisch geschmirgelte Zinkplatte wird einmal positiv, einmal negativ aufgeladen und mit Licht aus einer Quecksilberlampe bestrahlt. Es werden auch eine Glas- bzw. Kunststoffglasscheibe in den Strahlengang gebracht; auch der Abstand Lampe – Zinkplatte wird verändert.

Lichtelektrischer Effekt

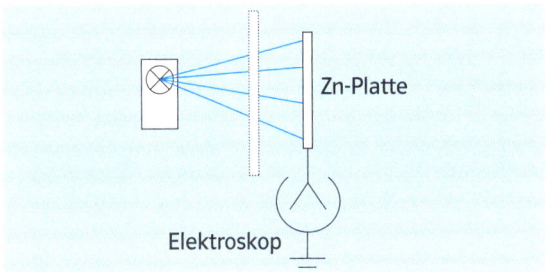

Beobachtung: Bei negativer Ladung entlädt sich die Zink-Platte, bei positiver nicht. Die Glasplatte stoppt die Entladung, die Kunststoffglasscheibe verlangsamt sie nur. Die Entladung setzt sofort ein. Bei Verringerung der Entfernung zwischen Lampe und Zink-Platte wird die Entladung beschleunigt.

Folgerungen:
- Licht löst Elektronen aus dem Metall (**äußerer lichtelektrischer Effekt**).

- Nur kurzwelliges Licht ($\lambda < 300\,\text{nm}$) löst den Effekt aus, es existiert also eine obere Grenzwellenlänge.
- Der Effekt setzt bei richtiger Wellenlänge unabhängig von der Beleuchtungsstärke sofort ein.

FOTOZELLE Eine Anwendung des lichtelektrischen Effekts ist die Fotozelle, bei der eine Gleichspannung zwischen eine Anode und eine lichtempfindliche Metallschicht als Kathode gelegt wird; im Vakuum kann auf die Spannung verzichtet werden. Die ausgelösten Fotoelektronen verursachen dort infolge ihrer Bewegung zur Anode einen Strom.

Fotozelle

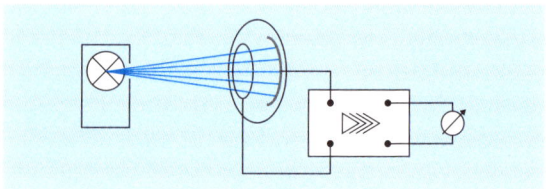

GEGENFELDMETHODE NACH MILLIKAN Versuch: Eine Quecksilberdampf-Höchstdrucklampe beleuchtet durch verschiedene hochwertige Interferenzfilter die lichtempfindliche Schicht einer Fotozelle. Der in der Fotozelle entstehende Strom wird als Spannungsabfall an einem Arbeitswiderstand mit Hilfe eines Niederfrequenz-Verstärkers gemessen. Die Filter haben ihre höchste Durchlässigkeit bei drei Linien (gelb, grün, blau) des Hg-Spektrums. Außerdem ist eine einstellbare Gleichspannung so an die Fotozelle gelegt, dass sie den Elektronenfluss hemmt.

Gegenfeldmethode

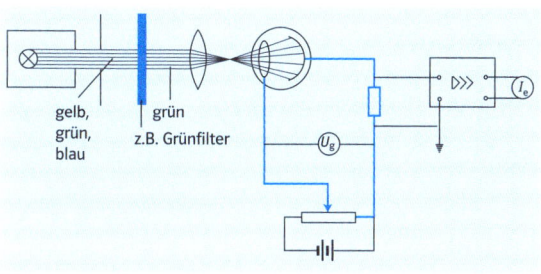

U_g wird für jede Farbe so eingestellt, dass I_e minimal ist, und abgelesen. Die Lichtintensität wird auch verringert, z.B. durch Einschieben einer Glasplatte.

ABHÄNGIGKEIT VON DER FARBE **Beobachtung**: Die Gegenspannung U_g hängt von der Farbe ab. Bei verringerter Intensität des Lichts ergeben sich für U_g die gleichen Werte.

9

Erklärung: Die Fotoelektronen müssen gegen die Gegenspannung anlaufen und verlieren dadurch kinetische Energie. Bei minimalem Fotostrom I_e sind alle Elektronen vollständig abgebremst.

Ergebnis:
- Die kinetische Energie der Fotoelektronen wächst mit zunehmender Frequenz des eingestrahlten Lichts.
- Die kinetische Energie der Fotoelektronen ist nicht von der Beleuchtungsstärke abhängig.

Folgerung: Eine Änderung der Beleuchtungsstärke bewirkt eine Änderung der Zahl der ausgelösten Elektronen, nicht jedoch deren kinetischer Energie.

AUSLÖSEARBEIT Da I_e nicht sprunghaft auf den Minimalwert zurückgeht, muss es auch langsamere Elektronen geben. Diese stammen aus tieferen Schichten der Fotokathode, so dass für die Gesamtenergie E, die solche Elektronen vom Licht übermittelt bekommen, gilt: $E = W_0 + E^* + E^*_{k\,Rest}$

W_0:   Energie, um die Elektronen aus einem Atom zu lösen,

E^*:   Energie, um die Elektronen an die Metalloberfläche zu befördern,

$E^*_{k\,Rest}$: Energie, die als kinetische Energie übrig bleibt.

Für die schnellsten Elektronen – und nur deren kinetische Energie konnte im Versuch gemessen werden – ist $E^* = 0$ und es gilt: $E = W_0 + E_{k\,max}$. W_0 heißt Auslösearbeit; sie ist für das Material der Fotokathode charakteristisch.

PLANCK'SCHES WIRKUNGSQUANTUM Trägt man die drei Wertepaare des obigen Versuchs in ein f-E_k-Diagramm ein, so erhält man eine Gerade, die die f-Achse bei f_0 und die negative E_k-Achse bei W_0 schneidet. Führt man den Versuch mit Fotokathoden aus anderen Materialien durch, so erhält man parallele Geraden. Es folgt:

$$E = W_0 + E_k \ \Rightarrow\ E_k(f) = E(f) - W_0$$
$$\Rightarrow\ E_k(f) = h \cdot f - W_0$$

Das ist eine Geradengleichung mit der Steigung h!

f-E_k-Diagramm

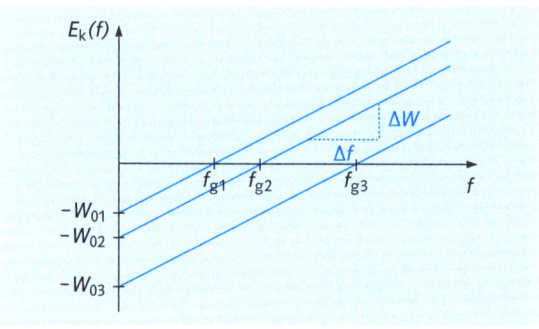

Definition: h heißt Planck'sches Wirkungsquantum

Einheit: $[h] = 1$ Js

EINSTEIN-GLEICHUNG h ist also die kleinste Wirkung; Wirkungen können nur als ganzzahlige Vielfache von h auftreten (Max Planck). Die Energie E, die Licht der Frequenz f an Elektronen vermittelt, ist also stets gleich dem Energiequant hf (Albert Einstein).

$$\frac{m}{2} v^2 = hf - W_0 \quad \text{Einstein-Gleichung}$$

h-BERECHNUNG h kann als Steigung $\dfrac{\Delta E_k}{\Delta f}$ dem f-E_k-Diagramm entnommen oder mit Hilfe zweier Wertepaare berechnet werden:

$$
\left.\begin{array}{l}
E_k(f) = W_e = Ue \\
E_k(f) = hf - W_0
\end{array}\right\} \Rightarrow Ue = hf - W_0 \Rightarrow W_0 = hf - Ue
$$

Da W_0 konstant bleibt, ergibt sich für zwei Wertepaare $(f_1; U_1)$ und $(f_2; U_2)$ ein Gleichungssystem und daraus
$hf_1 - U_1 e = hf_2 - U_2 e \Rightarrow hf_2 - hf_1 = U_2 e - U_1 e$

$$
\Rightarrow \frac{(U_2 - U_1)e}{f_2 - f_1}
$$

Der Literaturwert für h ist: $h = 6,6261 \cdot 10^{-34}$ Js.

PHOTON Die Einstein-Gleichung beschreibt einen Elementarprozess zwischen 1 Elektron und 1 Lichtquant. Da dieses Lichtquant schon vor dem Zusammentreffen mit dem Elektron als solches existiert haben muss, kann es als Teilchen aufgefasst werden; dieses heißt Photon. Die Energie $E = hf$ des Photons hängt von der Frequenz des Lichts ab; es bewegt sich mit Lichtgeschwindigkeit.

> **Merke:** Der Fotoeffekt ist wegen des Impulserhaltungssatzes nur in Gegenwart eines dritten (massereichen) Partners möglich, meist des Kerns des Atoms, aus dem das Elektron stammt.

RÖNTGENBREMSSTRAHLUNG Röntgenstrahlung setzt sich aus zwei Anteilen zusammen; sie entsteht, wenn Elektronen sehr hoher Energie (20 keV bis 100 keV) auf Materie prallen. Während das „charakteristische Röntgenspektrum" mit Hilfe der Atomphysik erklärt werden muss, wird das Bremsspektrum durch die Photonenvorstellung verständlich:

Ein Teil der Elektronen, die durch die hohe Spannung in der Röntgenröhre beschleunigt wurden, tritt mit den Atomen der Antikathode in Wechselwirkung und versetzt sie in erhöhte Schwingung. Dabei geht ein Teil der Energie der Elektronen verloren, und die Antikathode erwärmt sich. Der andere Teil der Energie der Elektronen wird als Röntgenquant ausgesandt. Da die Anteile unterschiedlich sind, ist das Bremsspektrum kontinuierlich. Da die Energie der Röntgenquanten durch die Energie der auslösenden Elektronen begrenzt ist, hat die Röntgenbremsstrahlung eine kurzwellige Grenze, die Kante; deren Lage hängt von der Beschleunigungsspannung ab, nicht jedoch vom Material der Antikathode. Das Entstehen von Röntgenbremsstrahlung kann also als Umkehrung des lichtelektrischen Effekts aufgefasst werden.

Compton-Effekt

9

SEKUNDÄRSTRAHLUNG **Versuch:** Aus Röntgenstrahlung wird durch ein Zirkonfilter eine bestimmte Wellenlänge ausgefiltert und auf einen Streukörper aus dem zu untersuchenden Material gerichtet. Die vom Streukörper ausgehende Strahlung wird unter allen möglichen Winkeln δ mit Hilfe der Drehkristallmethode analysiert. Die gemessene Intensität wird getrennt nach Streumaterial und Streuwinkel δ über dem Glanzwinkel α, also über der Wellenlänge aufgetragen.

Versuchsanordnung

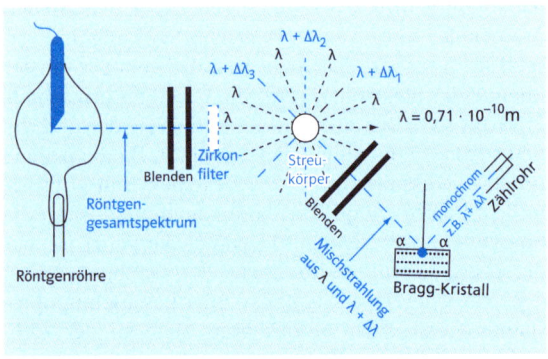

Beobachtung: Die Diagramme weisen zwei typische Maxima auf, deren Stelle und Höhe von Streumaterial und Streuwinkel abhängen.

COMPTON-EFFEKT **Folgerungen:**
• Gestreute Röntgenstrahlung tritt unter allen Streuwinkeln auf.
• In der gestreuten Röntgenstrahlung tritt neben der Primärstrahlung der Wellenlänge λ eine weitere Strahlung mit der Wellenlänge $\lambda + \Delta\lambda$ auf.
• Je größer der Streuwinkel δ, desto größer $\Delta\lambda$.
• Mit zunehmendem Streuwinkel δ nimmt die Intensität der Strahlung mit der Wellenlänge $\lambda + \Delta\lambda$ zu, während die Intensität der Strahlung mit der Wellenlänge λ abnimmt.

Deutung: Das Photon stößt ein freies Elektron elastisch, überträgt ihm einen Teil seiner Energie, die das Elektron als kinetische Energie aufnimmt, und be-

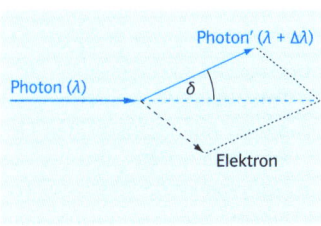

Impulsdiagramm

wegt sich mit verminderter Energie, das heißt als Licht mit vergrößerter Wellenlänge in einer neuen Richtung weiter.

WELLENLÄNGENVERÄNDERUNG Für $E_e = m_e c^2$ (Ruheenergie des Elektrons vor dem Stoß), $E = hf$ (Energie des Photons vor dem Stoß), sowie gestrichenen Größen nach dem Stoß kann man aus

dem Energie-Erhaltungssatz $\qquad E_e + E = E_e' + E'$

dem Impuls-Erhaltungssatz $\qquad \vec{p} = \vec{p_e'} + \vec{p'}$

und der Energie-Impuls-Beziehung $\quad E_e^2 = E_e'^2 - c^2 p_e'^2$

die Wellenlängenänderung $\Delta\lambda$ herleiten:

$$\Delta\lambda = \lambda' - \lambda = \frac{h}{m_e c}(1 - \cos\delta)$$

Definition: $\lambda_c = \frac{h}{m_e c}$ **Compton-Wellenlänge** $\Rightarrow$

$$\Delta\lambda = \lambda_c(1 - \cos\delta)$$

Wellenlängenänderung beim Compton-Effekt

> **ZUSAMMENSCHAU**
> Unterschied zwischen Fotoeffekt und Compton-Effekt:
> - **Fotoeffekt:** Wechselwirkung eines Photons mit einem an ein Atom gebundenen Elektron; das Photon verschwindet vollständig.
> - **Compton-Effekt:** Wechselwirkung eines Photons mit einem freien Elektron; das Photon existiert mit verringerter Energie weiter.
> - Bei niedrigeren Photonenenergien ist der Fotoeffekt wahrscheinlicher, bei höheren der Compton-Effekt.

Materiewellen

DE BROGLIE-WELLENLÄNGE Musste insbesondere höherenergetischer elektromagnetischer Strahlung Teilchencharakter zugebilligt werden, so sollte umgekehrt zu bewegten materiellen Teilchen eine Welle gehören, eine Materiewelle. Gesamtenergie und Impuls einer solchen Materiewelle sollten dann zueinander in der gleichen Beziehung stehen wie bei elektromagnetischer Welle und Photon.

Für das Photon gilt (Ein Photon hat keine Ruhemasse!):

$$E = m\,c^2 = h\,f \qquad \Rightarrow f = \frac{m\,c^2}{h}$$

$$p = m\,c = \frac{E}{c} = \frac{h\,f}{c} = \frac{h}{\lambda} \Rightarrow \lambda = \frac{h}{m\,c} = \frac{h}{p}$$

Dann sollte analog für ein materielles Teilchen gelten:

$$E = m c^2 = h f \qquad \Rightarrow f = \frac{m c^2}{h}$$

$$p = m v = \frac{E}{c} = \frac{h f}{c} = \frac{h}{\lambda} \Rightarrow \lambda = \frac{h}{m v} = \frac{h}{p}$$

$$\left. \right\} \Rightarrow \text{ mit } m = \frac{m_0}{\sqrt{1 - \frac{v^2}{c^2}}}$$

Definition: $\lambda = \frac{h}{m v}$ **De Broglie-Wellenlänge**

Wie in der Physik üblich, muss der Versuch die Hypothese bestätigen. Dies gelang z. B. durch Interferenzversuche mit Elektronenstrahlen an Kristalloberflächen, Doppelspaltversuch und Beugung an einem positiv geladenen Draht.

DOPPELSPALTVERSUCH VON JÖNSSON Die Interferenz von Elektronenstrahlen bzw. von deren Materiewellen am Doppelspalt konnte Claus Jönsson 1960 nachweisen. Beim prinzipiell gleichen Versuchsaufbau wie auf Seite 117 prallten 50 keV-Elektronen auf 0,5 μm breite und im Abstand von etwa 2 μm befindliche Spalte. Um das entstandene Streifenmuster sichtbar zu machen, musste es noch auf das 1000-fache nachvergrößert werden.

ELEKTRONENBEUGUNGSRÖHRE An Kristalloberflächen werden Elektronenstrahlen gebeugt, wenn sie z. B. eine dünne polykristalline Graphitfolie durchdringen. Die Entstehung von Kreisringen auf dem Schirm beweist die Interferenz.

Der mathematische Zusammenhang zwischen der De Broglie-Wellenlänge λ des Elektronenstrahls, dem Netzebenenabstand d der Graphitkristallite und dem

Elektronenbeugungsröhre

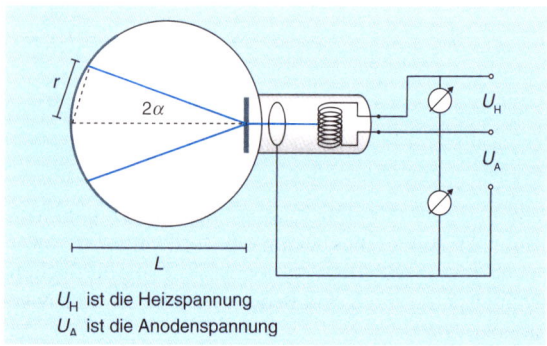

U_H ist die Heizspannung
U_A ist die Anodenspannung

Radius r eines Beugungsringes auf dem Schirm ergibt sich aus $2d \sin\alpha = k \cdot \lambda$ (Bragg'sche Bedingung, s. Seite 121) und der Geometrie der Röhre, da $2\alpha = \frac{r}{L} \approx 2 \sin\alpha$ ist. Man erhält $2 \sin\alpha = \frac{r}{L} = \frac{k\lambda}{d}$ und daraus $\lambda = \frac{rd}{kL}$.

Heisenberg'sche Unschärferelation

IM SPALT UND HINTER DEM SPALT

Gedankenversuch: Elektronen mit einheitlichem Impuls $\vec{p_0}$ werden parallel zur x-Achse durch einen Einfachspalt geschickt und interferieren.

Beobachtung: Das Interferenzbild gibt die Auftreffwahrscheinlichkeit der Elektronen wieder, sie wurden also im Spalt abgelenkt, d.h. ihr Impuls $\vec{p}$ hinter dem Spalt schließt mit der x-Achse einen Winkel φ ein, hat aber den gleichen Betrag wie $\vec{p_0}$.

Versuch

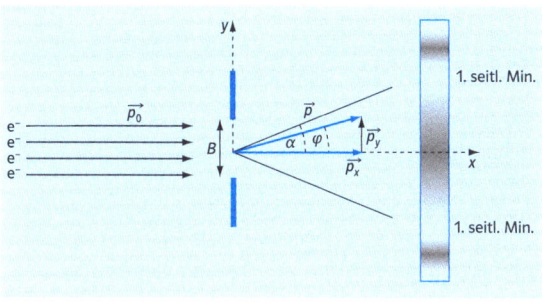

Im Spalt gilt also: Man kann nicht bestimmen, wo das Elektron durchfliegt:

$\Delta y_{\max} = B$ **Unschärfe der Ortsangabe**

Hinter dem Spalt gilt für die Beschränkung $|\varphi| < \alpha$:

$p_{y\max} = \pm p \sin \alpha$. Der maximale Fehler ist also:

$\Delta p_{y\max} = 2 \cdot p \sin \alpha$ **Unschärfe der Impuls-koordinate p_y**

ORT-IMPULS-BEZIEHUNG Aus der Interferenzbedingung $B \sin \alpha = 2k \cdot \frac{\lambda}{2}$, $k = 1, 2, 3, \dots$ für das 1. seitliche Minimum am Einfachspalt, $k = 1$ und $p = \frac{h}{\lambda}$ folgt:

$$\Delta p_{y\max} = 2 \cdot \frac{h}{\lambda} \cdot \frac{\lambda}{B} = \frac{2h}{\Delta y_{\max}} \;\Rightarrow\; \Delta y \cdot \Delta p_y = 2h \neq 0$$

Wesentlich ist, dass das Produkt **nicht Null** ist. Genauere Berechnungen ergeben:

$$\Delta y \cdot \Delta p_y \geq \frac{h}{2\pi}$$

Unschärferelation von Heisenberg: Ort-Impuls-Beziehung

Merke: Ort und Impuls eines Teilchens können nicht beide gleichzeitig genau vorhergesagt werden.

Denn verkleinert man B, so wird Δp_y größer, da ja die Minima auseinander rücken. Will man dagegen den Impuls genauer wissen, also Δp_y verkleinern, so muss man B vergrößern.

Die Unschärfe der Ortsangabe oder der Impulsangabe hat also nichts mit Messungenauigkeit zu tun!

Teilchenphysik

10 Atomphysik

QUICK-FINDER

QUICK-FINDER

Atommodell von Rutherford

DAS MODELL IN DER PHYSIK Ein Modell, speziell ein Atommodell, beschreibt in der Physik meist nur einen Teilaspekt der Vorstellung, die man sich aufgrund theo-retischer Überlegungen und experimenteller Ergebnisse von einer Erscheinung der Natur macht.

Beispiel: Das Licht wird als sich geradlinig ausbreitender Strahl betrachtet, solange es um den Weg geht, den es bei Reflexion und Brechung zurücklegt (geometrische Optik). Will man jedoch Beugung, Interferenz und Polarisation verstehen, so muss man dem Licht Welleneigenschaft zuordnen (Wellenoptik). Schließlich können die Wirkungen von Licht auf Materie nur erklärt werden, wenn man Lichtquanten einführt (Photonenmodell).

Zunächst dient ein Modell in der Physik zur Förderung des Vorstellungsvermögens. Vor allem wenn man an die Grenzen des Gültigkeitsbereichs eines Modells gelangt, kann es aber auch Anstoß zu neuen Theorien geben. Liegen experimentelle Ergebnisse vor, die ein Modell nicht erklären kann, so muss es erweitert oder verändert werden.

Auch eine Formel ist ein – mathematisches – Modell, denn ihr Bau beschreibt den Zusammenhang zwischen den Größen, und man kann durch Berechnungen Vorhersagen treffen.

ATOME WERDEN BESCHOSSEN Die Versuche von Philipp Lenard mit „Kathodenstrahlen", die dünne Alu-

miniumfolien durchdringen und als Elektronen identifiziert werden konnten, legten nahe, dass die Atome
sehr viel leeren Raum enthalten. Ernest Rutherford
setzte die Untersuchungen von Atomen durch Beschuss
von Metallfolien fort, benützte als Geschosse aber die
sehr viel massereicheren α-Teilchen aus radioaktiven
Präparaten. Die Suche nach abgelenkten α-Teilchen im
Raum um die Folie und ihre Vermessung ergaben:
- Die meisten α-Teilchen durchdringen die Folie ohne
  Ablenkung und Verlust an kinetischer Energie.
- Einzelne α-Teilchen werden abgelenkt, sogar bis zu
  $180°$, was nicht durch mechanischen Stoß mit Elektronen erklärt werden kann.
- Bei Folien aus schweren Atomen ist die Ablenkung
  besonders stark.
- Die Ablenkungswinkel legen Flugbahnen der α-Teil-
  chen nahe, wie sie geladene Körper in der Nähe einer
  gleichnamigen zentralen Ladung beschreiben, näm-
  lich Hyperbelbahnen.
- Die abgelenkten α-Teilchen haben keine kinetische
  Energie verloren.

10

EIGENSCHAFTEN EINES ATOMS
- Die positiven und negativen Ladungen im Atom neh-
  men nur einen sehr geringen Raum ein.
- Die Ablenkung der α-Teilchen erfolgt durch die positiven Ladungen.
- Die α-Teilchen nähern sich den positiven Atomladun-
  gen sehr stark, die um $180°$ abgelenkten α-Teilchen
  bis auf etwa 10^{-14} m; dieses Ergebnis von Berechnungen begrenzt den Aufenthaltsbereich für die positiven Ladungen.
- Die mit den positiven Ladungen verbundene Masse

ist gegenüber der Masse eines a-Teilchens sehr groß.

- Die Größe der mit den positiven Ladungen verbundenen Masse hängt mit der Art des untersuchten Stoffes, also mit der Art der Atome, also auch mit der Größe der Ladung zusammen.

ATOMMODELL VON RUTHERFORD Ein Atom besteht aus Atomkern und Atomhülle. Der Atomkern enthält die gesamte positive Ladung und nahezu die gesamte Masse. Sein Durchmesser ist kleiner als 10^{-14} m. Die Kernladung ist ein ganzzahliges Vielfaches der elektrischen Elementarladung und für jede Atomart charakteristisch. In der Atomhülle befinden sich Elektronen, die sich um den Kern bewegen, um nicht infolge der elektrostatischen Anziehung in diesen zu stürzen. Ihre Zahl kompensiert im neutralen Atom die Kernladung. Ihr maximaler Abstand vom Kern von etwa 10^{-10} m bestimmt die Größe des Atoms.

> **Definition:** Die Zahl der positiven Elementarladungen im Atomkern heißt Kernladungszahl Z. Sie ist identisch mit der Ordnungszahl der Elemente im Periodensystem sowie der Zahl der Elektronen im neutralen Atom.

Franck-Hertz-Versuch, Emissions- und Absorptionsspektren

STROMMAXIMA IN DER TRIODE MIT QUECKSILBER Versuch: In einer Triode befindet sich Quecksilber, das infolge Beheizung teilweise dampfförmig ist. Die an der Glühkathode erzeugten Elektronen werden zwischen

Franck-Hertz-Versuch

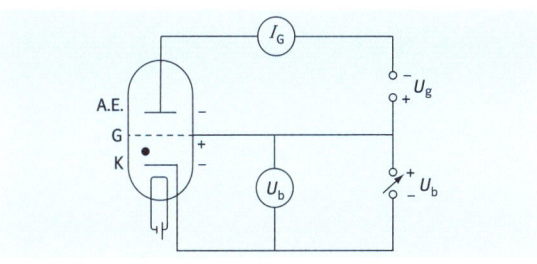

Kathode und Gitter durch U_b beschleunigt und fliegen dann in den Raum zwischen Gitter und Auffangelektrode, wo sie gegen eine konstante Gegenspannung U_g anlaufen müssen. U_b wird variiert, der Strom I_G zwischen Gitter und Auffangelektrode wird gemessen.

Beobachtung: Der Strom I_G steigt zunächst mit der Spannung an, erreicht ein Maximum und sinkt dann wieder stark ab. Dann steigt er wieder zu einem neuen Maximum an, um darauf wieder stark abzufallen, usw. Die Spannungsdifferenzen zwischen benachbarten Strommaxima betragen stets etwa 4,9 V (s. Seite 150).

INELASTISCHE STÖSSE **Deutung**: Die Elektronen durchfliegen den Hg-Dampf zunächst trotz zahlreicher – elastischer – Stöße mit Hg-Atomen ohne Geschwindigkeitsverlust, die Elektronen verlieren beim Stoß also keine Energie. Sobald ihre Geschwindigkeit aber bei steigender Beschleunigungsspannung einen gewissen Betrag (6,6 V) erreicht hat, können die Elektronen ihre kinetische Energie an die Hg-Atome abgeben, die Stöße sind also unelastisch. Sie verlieren dabei so viel Ener-

U_b-I_G-Diagramm

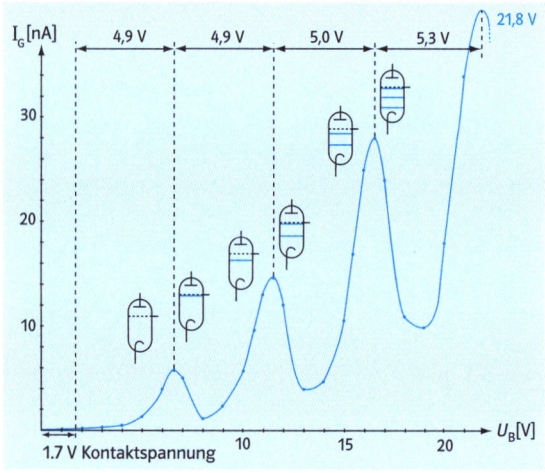

gie, dass sie die Gegenspannung nicht mehr überwinden können und die Auffangelektrode nicht mehr erreichen: Die Stromstärke geht zurück.

Bei noch höherer Beschleunigungsspannung geben die Elektronen doch nur den gleichen Energiebetrag wie vorher ab, behalten also einen Rest an Energie, um die Auffangelektrode zu erreichen, der Strom steigt wieder. Beträgt die Beschleunigungsspannung 11,5 V, so ist in einer zweiten „kritischen Potentialfläche" eine zweite Energieabgabe an Hg-Atome möglich, der Strom sinkt wieder, usw.

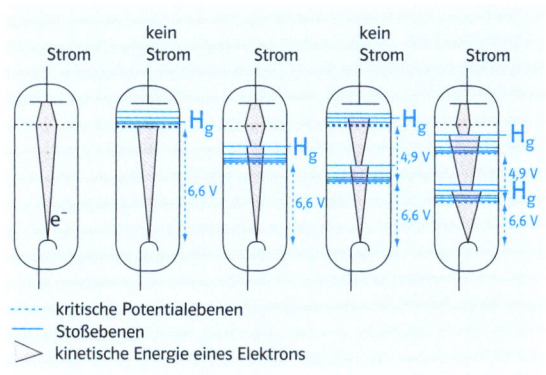

---- kritische Potentialebenen
— Stoßebenen
> kinetische Energie eines Elektrons

QUANTENHAFTE ENERGIEAUFNAHME Folgerung: Ein Elektron kann genau 4,9 eV seiner kinetischen Energie an ein Quecksilberatom abgeben. Da diese Beschränkung jedoch nicht am Elektron liegen kann, muss geschlossen werden, dass ein Quecksilberatom nur den Energiebetrag 4,9 eV annehmen kann; es kann also seinen Energieinhalt ändern, aber nur stufenweise.

Dass der Quecksilberdampf UV-Licht der Wellenlänge 253 nm aussendet, ist der Beweis dieser quantenhaften Energieaufnahme und -abgabe, denn diese Wellenlänge lässt sich auch errechnen:

$$e \cdot U_b = \Delta W = 4,9 \text{ eV} = h \cdot f \Rightarrow$$

$$\left.\begin{array}{l} f = \frac{\Delta W}{h} \\ \lambda = \frac{c}{f} \end{array}\right\} \Rightarrow \lambda = \frac{c \cdot h}{\Delta W} = 253 \text{ nm}$$

Verwendet man andere Füllgase als Quecksilberdampf, so ist die gleiche Erscheinung, aber mit anderen Energiebeträgen zu beobachten.

Ergebnis: Durch Elektronenstoß können nur Energiebeträge ganz bestimmter, für die gestoßene Atomart charakteristischer Größe übertragen werden.

Diese quantenhafte Aufnahme und Abgabe von Energie durch die Atome – die nicht nur durch Elektronenstoß „angeregt" werden können – wird durch weitere Versuchsergebnisse bestätigt:

EMISSIONSSPEKTRUM **Versuch:** In einer Kapillare durch Hochspannung zum Leuchten gebrachtes Wasserstoffgas wird durch ein optisches Gitter betrachtet.

Beobachtung: Das Spektrum besteht im sichtbaren Bereich aus vier einzelnen, verschieden farbigen Linien, deren Abstand sich zu niedrigeren Wellenlängen hin kontinuierlich verkleinert.

SERIENFORMELN Johann Jacob Balmer fand, dass die Wellenlängen λ dieser Linien als Produkt aus einer Konstanten und einer geeigneten Kombination kleiner natürlicher Zahlen dargestellt werden können. Heute ist folgende Darstellung seiner Entdeckung üblich:

$$\frac{1}{\lambda} = N = R\left(\frac{1}{2^2} - \frac{1}{n^2}\right) = T_n - T_2 \quad \text{(Balmer-Formel)}$$

mit $n = 3, 4, 5, \dots$

Da sich der Geltungsbereich dieser Formel sowohl theoretisch als auch experimentell in den IR- wie in den

UV-Bereich des Wasserstofflichts fortsetzen lässt, verallgemeinert man:

$$\frac{1}{\lambda} = N = \left(\frac{R1}{n_1^2} - \frac{1}{n_2^2}\right) = T_{n_2} - T_{n_1}$$

Allgemeine Serienformel

mit $n_1 = 1, 2, 3, \ldots$ und $n_2 = n_1 + 1,\ n_1 + 2,\ n_1 + 3,\ \ldots$

$N = \frac{1}{\lambda}$ **Wellenzahl**

$R = 1{,}097 \cdot 10^7\ \text{m}^{-1}$ **Rydberg-Konstante**

$T_n = -\frac{R}{n^2}$ **Spektralterm**

Zu jedem n_1 gehört eine Spektralserie, z.B. im UV-Bereich für $n_1 = 1$ die Lyman-Serie, im sichtbaren Bereich für $n_1 = 2$ die Balmer-Serie, im IR-Bereich für $n_1 = 3$ die Paschen-Serie.

10

ABSORPTIONSSPEKTRUM **Versuch**: Das sonnenähnliche Licht einer Kohlebogenlampe beleuchtet einen Kohärenzspalt, der mit Hilfe einer Sammellinse durch ein Geradesichtprisma auf einen Schirm abgebildet wird. Dann hält man eine Gasflamme, in die NaCl (Kochsalz) gebracht wurde, in den Strahlengang.

Beobachtungen: Zunächst erkennt man im entstandenen kontinuierlichen Spektrum der Bogenlampe deutlich die gelbe Natrium-(Doppel-)Linie, die eine Folge von Verunreinigung der Kohle mit Natrium ist. Bringt man die typisch gelb leuchtende Flamme in den

Strahlengang, so ist diese Linie verschwunden, an ihrer Stelle befindet sich eine dunkle Linie („Umkehrung der Na-Linie").

RESONANZFLUORESZENZ **Deutung**: Viele durch die Flamme noch nicht zum Leuchten angeregte Na-Atome absorbieren ein passendes Photon, d. h. ein Photon aus der Na-Linie. Da die sofort anschließende Emission dieser Photonen nach allen Raumrichtungen geschieht, fehlen diese Photonen auf dem Schirm.

Folgerung: Das Na-Atom kann nur einen ganz bestimmten, charakteristischen Energiebetrag als Photon absorbieren und emittieren.

> **Merke:** Die Linien im charakteristischen Spektrum eines Atoms sind ein Abbild der absorbierten und wieder emittierten Energiebeträge.

Atommodell von Bohr, Energiestufen im Wasserstoffatom

Da das Rutherford-Atommodell die quantenhafte Absorption und Emission von Licht und auch die Stabilität der Atome nicht erklären kann, versuchte Niels Bohr durch Aufstellen seiner zwei Postulate für das Wasserstoffatom eine Verbesserung:

1. POSTULAT Der Energieinhalt eines Atoms kann nur diskrete Werte annehmen.

In der Modellvorstellung kann sich also ein Hüllenelektron strahlungsfrei nur auf ganz bestimmten Bahnen bewegen. Unter Verwendung des Planck'schen Wirkungsquantums formulierte Niels Bohr dies mathematisch:

$$2\pi r_n \cdot m v_n = n h$$

Quantenbedingung

mit $n = 1, 2, 3 \ldots$ **Hauptquantenzahl**

Der mit der Bahnlänge $2\pi r_n$ multiplizierte Impuls $m v_n$ des Elektrons muss ein ganzzahliges Vielfaches von h sein.

2. POSTULAT Beim Quantensprung eines Elektrons von der Quantenbahn mit der Energie E_i auf die Quantenbahn mit der Energie E_k werden Photonen emittiert oder absorbiert, für deren Frequenz gilt:

$$h f = |E_i - E_k| = \Delta E$$

Das Zustandekommen jeder Spektralserie des Wasserstoffs kann daraus als Zurückfallen der Elektronen von Bahnen höherer auf eine bestimmte Bahn niedrigerer Energiestufe erklärt werden; so entsteht die Balmer-Serie durch Zurückfallen von Hüllenelektronen auf die 2. Quantenbahn.

ENERGIESTUFEN Fasst man die Gesamtenergie, die ein Elektron auf der n-ten Quantenbahn des Wasserstoffatoms gegenüber dem Zustand auf der 1. Quantenbahn hat, abstrakter als mögliche Energiestufe auf, die das

10

Energieniveauschema für Wasserstoff

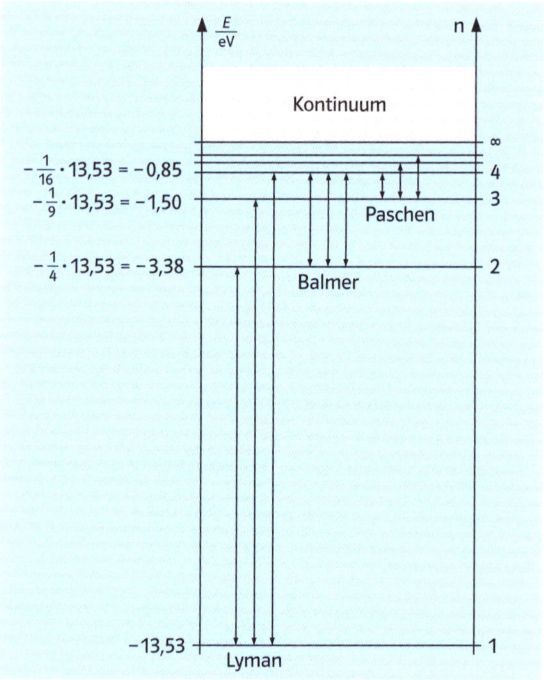

Atom besitzen kann, so lässt sich der zu jeder Stufe gehörige Energiewert errechnen nach der Formel

$$E_n = -R\,h\,c \cdot \frac{1}{n^2}$$ (Energie des n-ten angeregten Zustands oder Bindungsenergie).

Für $n = 1$ bekommt man die Energie $E_1 = -13{,}6\,\text{eV}$ des Grundzustandes, für $n \to \infty$ die Energie $E_\infty = 0$ des ionisierten Atoms. Im Grundzustand hat das Atom also seinen niedrigsten Energieinhalt.

Trägt man die Werte aller Energiestufen an einer Achse nach oben an, so erhält man ein Energieniveauschema oder Termschema, in dem die Energieübergänge durch Pfeile gut dargestellt werden können (s. Abb. Seite 156). Offensichtlich gilt das „Ritz'sche Kombinationsprinzip": Durch Addition bzw. Subtraktion geeigneter Energiedifferenzen können andere Energiedifferenzen berechnet werden.
An den Bereich der diskreten Energiewerte des Wasserstoffatoms schließt sich das Kontinuum der kinetischen Energien freier Elektronen an.

MÄNGEL DES BOHR'SCHEN ATOMMODELLS So kann das Bohr'sche Atommodell insbesondere die quantenhafte Emission und Absorption von elektromagnetischer Strahlung im Wasserstoffatom veranschaulichen und erklären. Allerdings weist es auch einige Mängel auf und steht im Widerspruch zu anderen Erkenntnissen der Atomphysik:

- Nach der Heisenberg'schen Unschärferelation können Elektronenbahn und Elektronengeschwindigkeit nicht gleichzeitig exakt bekannt sein.
- Die Bohr'schen Postulate sind nicht theoretisch begründet und erscheinen daher willkürlich.
- Spektrallinien weisen eine Feinstruktur auf und sind verschieden intensiv, was das Bohr'sche Atommodell nicht erklären kann.
- Das Wasserstoffatom kann nicht scheibenförmig sein.

10

- Das Bohr'sche Atommodell kann die experimentellen Erkenntnisse bei Atomen mit mehreren Elektronen nicht erklären.
- Als bewegtem Teilchen muss dem Elektron eine Materiewelle zugeschrieben werden; dies ist im Bohr'schen Atommodell nicht berücksichtigt.

Eindimensionaler linearer Potentialtopf

WELLENCHARAKTER DES ELEKTRONS In der „Quantenmechanik" löst man die zuletzt angesprochenen Probleme des Bohr'schen Atommodells, indem man dem Hüllenelektron eine *stehende, räumliche* Materiewelle zuordnet. Diese beschreibt die Aufenthaltswahrscheinlichkeit, mit der das Elektron an einer bestimmten Stelle im Raum um den Atomkern angetroffen werden kann. Das Elektron ist durch die Coulomb-Kräfte des Atomkerns in einem Raum von der Größe des Atoms „eingesperrt", dem „Orbital". Dabei werden die verschiedenen Energiezustände des Elektrons im Wasserstoffatom durch verschiedene Orbitale beschrieben.

LINEARER POTENTIALTOPF Der unendlich hohe „lineare Potentialtopf" ist ein stark vereinfachtes Modell, das die Entstehung von Energiestufen eines in einem Raum eingesperrten Elektrons deutlich macht. Das Elektron kann sich im linearen Potentialtopf nur auf einer Strecke bewegen, auf der die potentielle Energie Null ist; an den Endpunkten der Strecke steigt die potentielle Energie sprunghaft auf einen unendlichen Wert an:

Linearer Potentialtopf

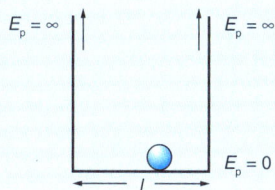

STEHENDE MATERIEWELLEN Die dem so gefangenen Elektron zugeordnete stehende Materiewelle muss an den Enden der Strecke Knoten haben, denn dort kann sich das Elektron nicht aufhalten. Dann kann die Wellenlänge aber nur Werte annehmen, bei denen ein

Wellenfunktion

10

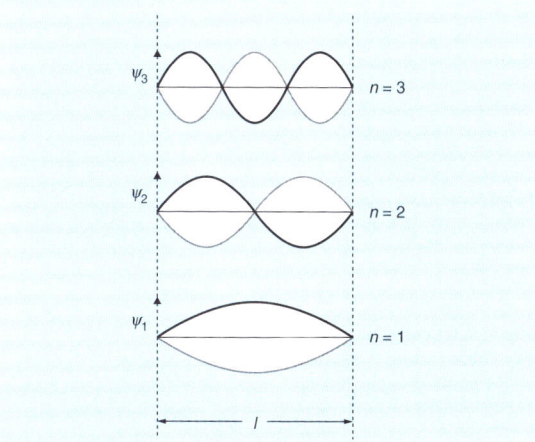

ganzzahliges Vielfaches der halben Wellenlänge genau in die Länge l der Strecke passt. So ergeben sich „Oberschwingungen", durch die die Aufenthaltswahrscheinlichkeit des Elektrons auf höheren Energiestufen dargestellt werden kann.

ψ ist die Wellenfunktion, die i. A. vom Ort und von der Zeit abhängt, bei einer stehenden Welle jedoch nur vom Ort.

DISKRETE ENERGIEWERTE Mit Hilfe der erläuterten Annahmen kann nun die Energie eines Elektrons in Abhängigkeit von der Quantenzahl n berechnet werden:

$$\left.\begin{array}{l} n \cdot \dfrac{\lambda_n}{2} = l \;\Rightarrow\; \lambda_n = \dfrac{2l}{n}, \quad n \in \mathbb{N} \\[2mm] p_n = \dfrac{h}{\lambda_n} \\[2mm] E_{pot} = 0, \;\; E_{kin} = \dfrac{m}{2} v^2 \end{array}\right\} \;\Rightarrow\; \left.p_n = \dfrac{n\,h}{2}l \;\; \right\} \;\Rightarrow$$

$$E_n = \frac{m}{2} v_n{}^2 \cdot \frac{m}{m} = \frac{1}{2\,m} \cdot m^2 v_n{}^2 = \frac{1}{2\,m} \cdot p_n{}^2 = \frac{h^2}{8\,m\,l^2} n^2$$

Wegen $n \in \mathbb{N}$ kann ein auf der Strecke l eingeschlossenes Elektron nur diskrete Energiewerte E_n einnehmen. Für $n = 1$ hat das Elektron die Energie $E_1 = \dfrac{h^2}{8\,m\,l^2}$, die nie Null ist. Also hat das Elektron mindestens die „Nullpunktsenergie" E_1, und das sogar am absoluten Nullpunkt.

AMPLITUDENQUADRAT Beim Licht ist die Intensität oder Energiedichte der Wellen z. B. wegen

$$\varrho(x, t) = \frac{1}{2} ED = \frac{1}{2} \varepsilon E^2 = \frac{1}{2} \varepsilon E_0^2 \sin^2 \omega\left(t - \frac{x}{c}\right)$$

dem Quadrat der Wellenamplitude direkt proportional, was dann entsprechend auch für die Auftreffwahrscheinlichkeit der Photonen an einer Stelle x gilt.

Analog gilt für die Wellenfunktion ψ einer fortschreitenden Materiewelle, dass das Amplitudenquadrat $|\psi(x)|^2$ an der Stelle x gleich der Wahrscheinlichkeitsdichte $\varrho(x)$ für das Eintreffen eines Teilchens an dieser Stelle ist.

Für die *stehende* Materiewelle eines Elektrons im unendlich hohen linearen Potentialtopf, also für $t = t_0$, wird entsprechend die Aufenthaltswahrscheinlichkeit des Elektrons durch die Wahrscheinlichkeitsdichte am Ort x in Abhängigkeit von der Quantenzahl n beschrieben:

Wahrscheinlichkeitsdichte

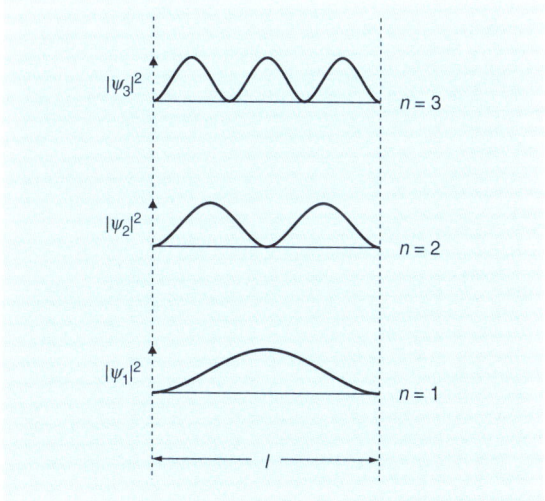

10

Die zeitunabhängige, eindimensionale Schrödingergleichung

WELLENOPTIK Die im Kapitel „Mechanische Schwingungen und Wellen" eingeführte Wellengleichung

$$\varphi(x, t) = A \sin 2\pi \left(\frac{t}{T} - \frac{x}{\lambda} \right)$$

gilt auch für elektromagnetische Wellen, also auch für die Wellenoptik. Für $x = x_0$ hängt sie nur von der Zeit ab und beschreibt die Änderung der Welle an einem bestimmten Ort (Sinuskurve im t-$\varphi(t)$-Diagramm); für $t = t_0$ wird das Aussehen der Welle zu einem bestimmten Zeitpunkt dargestellt (Sinuskurve im x-$\varphi(x)$-Diagramm).

Differenziert man im letzteren Fall zweimal nach dem Ort, so erhält man

$$\varphi'(x) = A \left(-\frac{2\pi}{\lambda} \right) \cos 2\pi \left(\frac{t_0}{T} - \frac{x}{\lambda} \right) \quad \text{und}$$

$$\varphi''(x) = A \left(-\frac{2\pi}{\lambda} \right)^2 (-1) \sin 2\pi \left(\frac{t_0}{T} - \frac{x}{\lambda} \right) = \frac{4\pi^2}{\lambda^2} \cdot \varphi(x) \quad \Rightarrow$$

$$\varphi''(x) + \frac{4\pi^2}{\lambda^2} \cdot \varphi(x) = 0.$$ Das ist eine so genannte Differentialgleichung, weil sie eine Funktion sowie deren Ableitung enthält. Sie beschreibt hier die eindimensionale Amplitudenverteilung $\varphi(x)$ einer Lichtwelle zu einem festen Zeitpunkt t_0.

MATERIEWELLEN Schrödinger nahm an, dass es entsprechend der Wellenamplitude $\varphi(x)$ der Optik eine Größe $\psi(x)$ für Teilchen bzw. deren Materiewellen gebe; für sie solle eine Differentialgleichung der obigen Form existieren. Für λ setzt man dort die Materiewellenlänge ein und beachtet, dass die Gesamtenergie W gleich der Summe der kinetischen und der potentiellen Energie ist:

$$\left.\begin{array}{l} \lambda = \frac{h}{p} \\[2mm] W = W_\mathrm{k} + W_\mathrm{p} \Rightarrow W_\mathrm{k} = W - W_\mathrm{p} \\[2mm] W_\mathrm{k} = \frac{m}{2} v^2 = \frac{mv^2 \cdot m}{2 \cdot m} = \frac{p^2}{2m} \end{array}\right\} \Rightarrow p = \sqrt{2\,m\,(W - W_\mathrm{p})} \right\} \Rightarrow$$

$$\left.\begin{array}{l} \psi''(x) + \frac{4\pi^2}{\lambda^2} \cdot \psi(x) = 0 \\[4mm] \lambda = \frac{h}{\sqrt{2\,m\,(W - W_\mathrm{p})}} \end{array}\right\} \Rightarrow$$

DIE ZEITUNABHÄNGIGE, EINDIMENSIONALE SCHRÖDINGER-GLEICHUNG:

$$\psi''(x) + \frac{8\,m\,\pi^2}{h^2}(W - W_\mathrm{p})\,\psi(x) = 0$$

Eine einfache Lösung für diese Gleichung erhält man, wenn man die Verhältnisse im eindimensionalen linearen Potentialtopf zugrunde legt: Im Inneren gilt überall $W_\mathrm{p} = 0$, also sind auch die „Randbedingungen" $\psi(0) = 0$ und $\psi(l) = 0$ richtig.

Mit dem Lösungsansatz $\psi(x) = C \cdot \sin kx$ ergeben sich die „Eigenwerte" $E_\mathrm{n} = \frac{h^2}{8\,m\,l^2}\,n^2$, also dasselbe Ergebnis wie im vorhergehenden Kapitel. Die dort gezeichneten Graphen stellen auch die sich aus der Schrödingergleichung ergebenden Eigenfunktionen sowie die Aufenthaltswahrscheinlichkeit bzw. die Wahrscheinlichkeitsdichte eines Teilchens dar.

10

Quantenphysikalisches Modell des Wasserstoffatoms

POTENTIALKASTEN Erweitert man das Modell des eindimensionalen Potentialtopfes zum dreidimensionalen Potentialkasten insbesondere von Würfelform, so müssen die quantenmechanischen Zustände durch mehrere Quantenzahlen beschrieben werden. Analog dem eindimensionalen Potentialtopf sei die potentielle Energie innerhalb des Kastens Null, an den Begrenzungsflächen seien zu ihrer Überwindung unendlich große Kräfte notwendig. Dann könnten stehende Materiewellen nur existieren, wenn die drei Raumrichtungen durch ganzzahlige Vielfache der halben Wellenlänge ausgefüllt würden; denn nur dann wäre die Aufenthaltswahrscheinlichkeit an den Randflächen Null, d.h. an den Randflächen befänden sich Knoten der räumlichen stehenden Materiewelle. Für die Gesamtenergie, die gleich der kinetischen Energie ist, erhält man dann: $W = \frac{h^2}{8\,m\,l^2}\left(n_1^2 + n_2^2 + n_3^2\right)$.

ORBITALE Spezielle Zustände erhält man durch Einsetzen aller möglichen Kombinationen (n_1, n_2, n_3) dreier natürlicher Zahlen. Für $(1,1,1)$ ergibt sich der Grundzustand.
Die Räume hoher Aufenthaltswahrscheinlichkeit eines Elektrons um den Kern werden als Orbitale bezeichnet und können in der Darstellung auch recht merkwürdige Formen haben.

Quantenzahlen der Atomhülle

MEHRELEKTRONENSYSTEME Während das Atommodell von Bohr nur Verhältnisse im Wasserstoffatom beschreiben kann, ist die Wellenmechanik auch auf Mehrelektronensysteme anwendbar. Allerdings sind weitere Quantenzahlen und Regeln nötig, die den Zustand und die Anordnung der Elektronen in der Atomhülle regeln.

QUANTENZAHLEN Die Haupt- oder Energiequantenzahl $n = 1, 2, 3, \ldots$ beschreibt nicht nur die Energie eines Elektrons, sondern auch seinen mittleren Abstand vom Kern des Atoms. Mit der Drehimpuls- oder Nebenquantenzahl $l = 0, 1, 2, \ldots (n-1)$ lässt sich der Bahndrehimpuls L eines Elektrons errechnen. Die Formel $L = \sqrt{l(l+1)} \cdot \frac{h}{2\pi}$ zeigt, dass der Bahndrehimpuls gequantelt ist. Statt durch Zahlen wird die Drehimpulsquantenzahl häufig durch die Buchstaben s, p, d, f, g, … angegeben.

Die Orientierungs- oder magnetische Bahnquantenzahl m_l drückt die Richtung des Drehimpulsvektors im Raum aus. Sie kann die Werte $-l, -(l-1), \ldots, -1, 0, 1, \ldots, l-1, l$ annehmen. Auch die Richtung ist also gequantelt. Eine bestimmte Kombination der genannten drei Quantenzahlen bestimmt die Form eines Orbitals, das von maximal 2 Elektronen besetzt sein kann. Dies wird durch die Spinquantenzahl s geregelt. Sie wird durch die Eigendrehung – den Spin – eines Elektrons notwendig und kann nur zwei Werte annehmen.

10

PAULI-PRINZIP So wird eine Vielzahl von Kombinationen möglich, die zu Zuständen gehören, die verschieden wahrscheinlich sind und sich oft in ihrer Energie nur wenig unterscheiden. Das erklärt die unterschiedliche Intensität, die Feinstruktur und die Dichte der Spektrallinien.

Das „Pauli-Prinzip" schränkt die Zahl der möglichen Elektronen ein, indem es regelt: In der Atomhülle darf es keine zwei Elektronen geben, die in allen vier Quantenzahlen übereinstimmen.

PERIODENSYSTEM Daraus folgt, dass ein Atom pro Hauptquantenzahl nur eine Höchstzahl von Elektronen besitzen kann. Dies ist auch für die Chemie interessant, wo die Hauptquantenzahlen als „Schalen" K, L, M, … bezeichnet werden. So können sich in der K-Schale höchstens 2, in der L-Schale höchstens 8, in der M-Schale höchstens 18, allgemein höchstens $2n^2$ Elektronen befinden. Offensichtlich wirkt sich das auch beim Aufbau des Periodensystems der Elemente aus.

Charakteristische Röntgenstrahlung

RÖNTGENBREMSSTRAHLUNG Mit Hilfe der Photonentheorie des Lichts konnte das Auftreten des kontinuierlichen Anteils in der Röntgenstrahlung als Umkehrung des lichtelektrischen Effekts erklärt werden: Hoch beschleunigte Elektronen prallen auf die Antikathode und verlieren ihre kinetische Energie stückweise beim Eindringen ins Innere von Atomen, wobei Röntgenquanten unterschiedlichster Energie, jedoch der Höchstenergie eU entstehen.

CHARAKTERISTISCHES RÖNTGENSPEKTRUM Nimmt man ein Röntgenspektrum mit Hilfe der Bragg'schen Drehkristallmethode auf, so erkennt man über dem buckelförmigen Bremsspektrum mehrere „Peaks", die auf einen weiteren Anteil in der Röntgenstrahlung hindeuten:

Röntgenspektrum von Molybdän

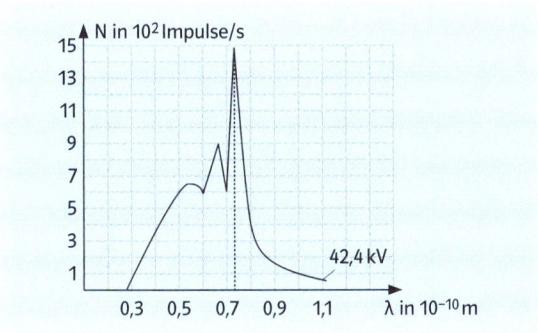

Während das Bremsspektrum, insbesondere die Lage seiner „Kante", von der Beschleunigungsspannung in der Röntgenröhre abhängen, sind die zusätzlichen Linien vom Material der Antikathode abhängig, also für dieses charakteristisch; sie bilden das „charakteristische Röntgenspektrum".

QUANTENSPRÜNGE Die charakteristische Röntgenstrahlung lässt sich gut verstehen, wenn man annimmt, dass stark beschleunigte Elektronen in die Hülle eines Atoms des Antikathodenmaterials eindringen und dort ein Hüllenelektron aus einer unteren Schale

Spektralanalyse

Joseph von Fraunhofer (*1787 in Straubing, †1826 in München), gelernter Spiegelschleifer, entwickelte neue Schleifmaschinen und Glassorten für optische Gläser, erfand das Spektroskop und baute Teleskope. Er beobachtete den Himmel und zerlegte das Licht der Sonne mit Hilfe eines Prismas. So fand er 1814 die nach ihm benannten dunklen Linien im Spektrum der Sonne. Er katalogisierte 567 mehr oder weniger dunkle Linien und bestimmte deren Wellenlängen sehr genau. Ihre Ursache konnte er jedoch noch nicht erklären.

Das gelang erst rund 50 Jahre später. Gustav Kirchhoff und Robert Bunsen erhitzten, angeregt von den bunten Farben eines Feuerwerks, chemische Substanzen in Flammen. Sie erkannten, dass die Linienspektren, die sie beobachten konnten, für den jeweiligen Stoff charakteristisch sind, und kehrten den Versuch um: Durch Erzeugung charakteristischer Farberscheinungen in Flammen und Messung der Wellenlängen mit einem Spektrometer konnte die Art und Zusammensetzung eines Stoffes bestimmt werden. Damit war die Spektralanalyse oder Spektroskopie geboren.

Da die dunklen Fraunhoferlinien meist den Linien bestimmter Elemente entsprechen, fanden sie die richtige Deutung: Die dunklen Linien entstehen durch Absorption des Lichts in der Photosphäre der Sonne, die entsprechenden Elemente kommen also in deren oberen Schichten vor.

Da die Sonne nur der uns nächste Stern ist, folgt die Verallgemeinerung: Analysiert man das Licht der Sterne, so kann man die Zusammensetzung von deren Atmosphäre erforschen.

Heute gibt es eine Vielzahl von spektroskopischen Verfahren, mit denen Strahlung von Radiowellen mit 100 m bis zur Gammastrahlung mit 1 pm Wellenlänge, also über etwa 14 Größenordnungen, untersucht werden kann. Sogar bei der Analyse von *Teilchenstrahlen* benützt man den Begriff Spektroskopie.

Erst die Atomphysik des 20. Jahrhunderts brachte die genaue Erklärung sowohl für die diskreten, unterschiedlich intensiven und für ein Element charakteristischen Linienspektren als auch für ihre Entsprechungen in den Fraunhoferlinien. So weiß man seit Balmer und Bohr, dass die Linien eines Spektrums nach der Formel $\Delta E = hf$ das Abbild der Energiebeträge sind, die von Atomen absorbiert und emittiert werden können.

Die dunklen Linien entstehen demnach dadurch, dass Atome und Ionen in der Sonnenatmosphäre exakt passende Photonen des Sonnenlichts absorbieren und sofort wieder emittieren, jedoch nach allen möglichen Raumrichtungen. In Richtung Erde wird deswegen nur noch ein geringer Anteil der absorbierten Strahlung geschickt ("Resonanzabsorption").

herausschlagen können. Auf den frei gewordenen Platz fällt dann ein Elektron aus einem höheren Niveau und emittiert dabei ein Photon mit der für diesen Übergang charakteristischen Energie bzw. Frequenz. Weitere Quantensprünge können folgen.

Wird z.B. ein Elektron der K-Schale herausgeschlagen und aus der L-Schale wieder aufgefüllt, so wird ein Photon der K_α-Linie emittiert. Der frei gewordene Platz in der L-Schale kann z.B. durch ein Elektron der N-Schale unter Aussenden eines Photons der L_β-Linie eingenommen werden.

Quantensprünge

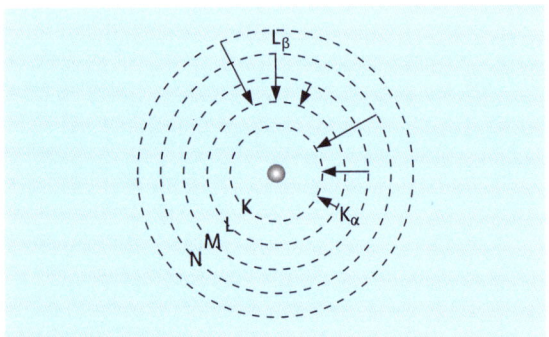

GESETZ VON MOSELEY   Vergleicht man die K-Linien verschiedener Elemente, so stellt man einen Zusammenhang zwischen der Wellenlänge und der Ordnungszahl der Elemente fest. Nach näherer Untersuchung fand Moseley das Gesetz für die K_α-Linie:

$$\frac{1}{\lambda} = R(Z-1)^2 \left(\frac{1}{1^2} - \frac{1}{2^2}\right) = \frac{3}{4}(Z-1)2$$

Teilchenpysik

11 Kernphysik

QUICK-FINDER

QUICK-FINDER

QUICK-FINDER

Energiebilanz von Kernreaktionen

Aufbau des Atomkerns

Standardmodell

Kernaufbau, Massendefekt und Kernbindungsenergie

NUKLEONEN Ein Atomkern oder Nuklid ist aus zweierlei Teilchen, den Nukleonen, aufgebaut:

- Die Protonen tragen eine positive Elementarladung. Ihre Anzahl Z im Kern ist gleich der Ordnungszahl des Atoms im Periodensystem der Elemente und stimmt im neutralen Atom mit derjenigen der Elektronen überein. Die Anzahl der Protonen im Kern legt also die Art des Atoms fest.
- Die Neutronen besitzen eine um 0,14 % höhere Ruhemasse als die Protonen und sind ungeladen. Ihre Anzahl ist N.

Die in einem Kern gebundenen Protonen stoßen sich wegen ihrer gleichen Ladung zwar ab, doch werden sie mit den Neutronen durch die wesentlich stärkeren Kernkräfte zusammengehalten, sobald sich die Nukleonen einander auf etwa 10^{-15} m genähert haben. Ist $A = N + Z$ die Gesamtzahl der Nukleonen eines als kugelförmig angenommenen Kerns, so gilt für seinen Radius näherungsweise:

$$r_{\text{Kern}} \approx 1{,}4 \cdot 10^{-15}\,\text{m} \cdot \sqrt[3]{A} \quad \textbf{Kernradius}$$

Definition: $1\,\text{u} = \frac{1}{12}$ der Masse eines $^{12}_{6}$C-Atoms heißt atomare Masseneinheit

ISOTOPE Bestimmt man die Massen der stabilen Elemente mit einem Massenspektrographen sehr genau und gibt sie wie üblich als Vielfache von u an, so stellt man fest, dass die meisten Elemente jeweils aus Atomen unterschiedlicher Masse bestehen, die sich also in der Zahl ihrer Neutronen unterscheiden.

Definition: Atome mit gleicher Kernladungszahl = Ordnungszahl = Protonenzahl Z, aber unterschiedlicher Nukleonenzahl A heißen Isotope. In der Schreibweise $^A_Z X$ bedeutet X das chemische Symbol.

MASSENDEFEKT UND BINDUNGSENERGIE Addiert man die Massen der einzelnen Nukleonen eines Kerns, so stellt man fest, dass der aus diesen Nukleonen gebildete Kern eine kleinere Masse besitzt als die Summe seiner Teile.

> **Definition:** $B = \Delta m = (Z \cdot m_p + N \cdot m_n) - m_{Kern}$
> **Massendefekt**

Nähern sich die Nukleonen einander, um einen Kern zu bilden, so wird potentielle Energie frei; diese entspricht dem Massendefekt. Umgekehrt muss der gleiche Energiebetrag aufgewandt werden, um den Kern in seine Bausteine zu zerlegen. Nach Einstein sind aber Masse und Energie äquivalent und es gilt

$E = m c^2 \Rightarrow \Delta E = \Delta m \cdot c^2 = B \cdot c^2$

> **Definition:** $E_B = -B \cdot c^2$
> **Bindungsenergie**
> $\frac{E_B}{A}$ **Bindungsenergie pro Nukleon**

Trägt man die mittlere Bindungsenergie pro Nukleon über der Nukleonenzahl der Elemente auf, so erhält man eine charakteristische Kurve, die zeigt, dass Elemente mit $A \approx 60$ die dem Betrage nach größte mittlere Bindungsenergie pro Nukleon besitzen, also am stabilsten sind. Sehr schwere Kerne werden danach durch Aussendung eines He-Kerns (α-Zerfall!) oder Spaltung stabiler, auch bei Fusion von H-Kernen zu He-Kernen wird Energie frei. (s. Seite 202)

Mittlere Bindungsenergie pro Nukleon

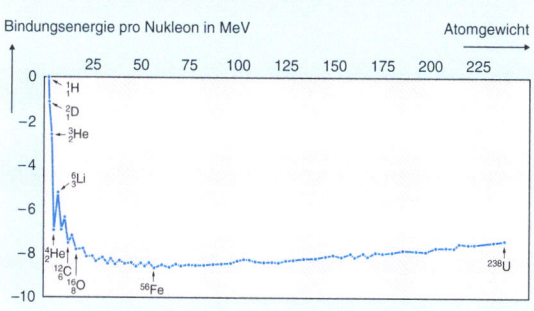

KERNPOTENTIAL Zur Veranschaulichung der Verhältnisse im Kern oder von Kernreaktionen wie dem α-Zerfall hat sich das Potentialtopf-Modell des Atomkerns bewährt, das die potentielle Energie der Teilchen im Kern – das Kernpotential – beschreibt. Dieses ist negativ, da den Teilchen Energie zugeführt werden muss, wenn man sie aus der Reichweite der Kernkraft entfernen will. Umgekehrt wird Bindungsenergie frei, wenn man dem Kern ein Nukleon annähert.

11

Potentialtopf-Modell des Atomkerns

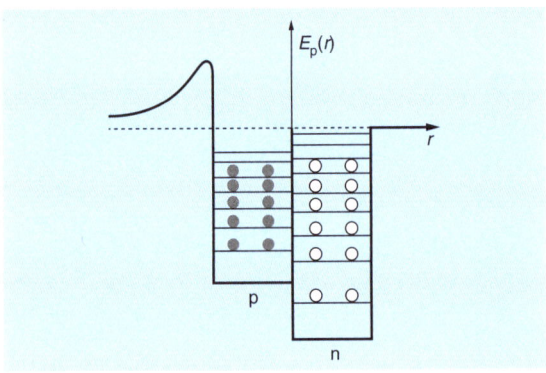

DISKRETE ENERGIENIVEAUS Ähnlich den Elektronen der Atomhülle befinden sich auch die im Kern gebundenen Nukleonen auf diskreten Energieniveaus. Insgesamt liegen die Protonen infolge ihrer gegenseitigen Abstoßung aber auf höheren Niveaus als die Neutronen. Sie müssen vor dem Verlassen des Kerns einen Potentialwall überwinden, der das Coulomb-Potential des Kerns darstellt.

Das Potential, das das Verhalten eines Nukleons bestimmt, entsteht durch das Zusammenwirken aller Kernbausteine.

Nachweismethoden radioaktiver Strahlung

IONISATIONSWIRKUNG **Versuch:** Die Luft über einem geladenen Elektroskop oder in einem geladenen Kondensator wird mit einem radioaktiven Präparat bestrahlt.

Beobachtung: Das Elektroskop bzw. der Kondensator entlädt sich.

Erklärung: Die radioaktive Strahlung ionisiert Luftmoleküle; die entstandenen Ionen werden durch Ladungen aus dem Elektroskop bzw. dem Kondensator neutralisiert.

> **Merke:** Die meisten Nachweis- und Messgeräte für radioaktive Strahlung beruhen auf deren Ionisationswirkung.

Beispiele: Ionisationskammer, Zählrohr, Nebelkammer, Blasenkammer

Zu Nachweis und Messung radioaktiver Strahlung lässt sich außerdem ausnützen, dass sie Fotoplatten schwärzen und in manchen Stoffen Lichtblitze auslösen kann (Szintillation).

11

IONISATIONSKAMMER Eine Ionisationskammer ist ein dosenförmiger Kondensator, bei dem die negativ geladene Platte zum Gehäuse und die positiv geladene Platte zu einer Spitze geworden ist. Durch die angelegte Gleichspannung werden die vom radioaktiven Präparat erzeugten Ionen der Moleküle der enthaltenen

Ionisationskammer

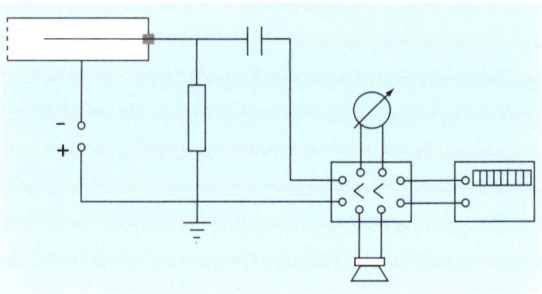

Luft in Bewegung versetzt und bilden so einen Strom. Die leichter beweglichen Elektronen wandern schnell zur Spitze – dort herrscht eine hohe Feldstärke – und fließen über einen Messverstärker zur Erde ab. Der Ionisationsstrom wird angezeigt.

Damit möglichst alle entstandenen Ionen zur Messung beitragen (Sättigungsstrom) und nicht vorher teilweise rekombinieren, muss die angelegte Spannung einige 10^3 V betragen. In einer geschlossenen Ionisationskammer können auch gasförmige radioaktive Stoffe untersucht werden (Versuch zum Zerfallsgesetz mit Radon!).

GEIGER-MÜLLER-ZÄHLROHR Ein Zählrohr ist eine Ionisationskammer, in der sich ein (Edel-)Gas verminderten Drucks befindet; das Zählrohr muss deshalb geschlossen sein, die Strahlung tritt durch eine sehr dünne Stelle in der Wand des Zählrohrs ein (Lenard-Fenster). Der Ionisationsstrom fließt über einen hohen Widerstand zur Erde ab. Die am Widerstand abfallende Spannung wird verstärkt und angezeigt, sie ist zum Ionisationsstrom direkt proportional. Im Unterschied zur Ionisationskammer löst im Zählrohr ein durch die radioaktive Strahlung erzeugtes Ionenpaar seinerseits durch Stöße mit den Gasmolekülen eine Lawine von sekundären Ionen aus.

Im Proportionalbereich ist der Verstärkungsfaktor, also die Zahl von Sekundärionen pro ionisierendem Teilchen, bei einer bestimmten Spannung eine Konstante, so dass die Stärke der Ionisationswirkung eines Teilchens gemessen werden kann. Im Auslösebereich der angelegten Spannung wird infolge weiterer Stoßionisationen das gesamte Zählrohr von der Entladung erfasst. Jedes Teilchen erzeugt unabhängig von seiner Ionisationswirkung einen immer gleich großen Stromstoß, es kann also nur gezählt werden (Geiger-Müller-Zählrohr). Jeder Stromstoß ist nun so stark, dass er nicht nur ein Drehspulgerät ausschlagen lassen, sondern auch ein Zählgerät oder einen Lautsprecher betreiben kann. Während der Glimmentladung kann kein weiteres Teilchen registriert werden. Um diese Totzeit möglichst kurz zu halten, absorbieren organische Substanzen im Füllgas die Photonen; die am Zählrohrwiderstand abfallende Teilspannung zunehmender Größe fehlt am Zählrohr und lässt die Glimmentladung abreißen. Auch ohne radioaktives Präparat misst ein Geiger-Müller-Zählrohr (GMZ) etwa 15 bis 20 Impulse pro Minute, die von Radioaktivität der Umgebung sowie von der Höhenstrahlung erzeugt werden (Nulleffekt oder Nullrate).

11

WILSON-NEBELKAMMER Bei der Wilson-Nebelkammer wird der mit Alkohol-Wasser-Dampf gefüllte, staubfreie Raum ruckartig vergrößert, so dass kein Temperaturausgleich stattfinden kann, das Gemisch also abkühlt und die Temperatur dadurch unter den Taupunkt sinkt (adiabatische Expansion). In dieser übersättigten Atmosphäre wirken Ionen (und Staubteilchen) als Kondensationskeime, um die sich sichtbare Wassertröpfchen bilden.

Wilson-Nebelkammer

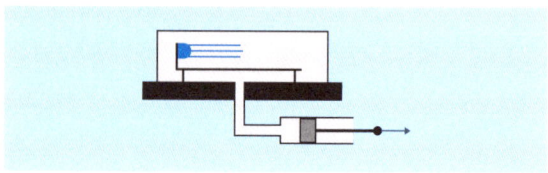

Da ein α-Teilchen pro Zentimeter einige 10^4 Ionenpaare erzeugt, wird seine Bahn durch die Vielzahl der Nebeltröpfchen markiert, sofern man sie vor einem dunklen Hintergrund von der Seite beleuchtet (Dunkelfeldbeleuchtung). Damit nicht der ganze Raum von Nebel erfüllt ist, „saugt" man den Staub durch ein elektrisches Feld ab.

Alphastrahlung; Tunneleffekt

α-STRAHLUNG Versuch: Ein Americium-241- oder ein Radium-226-Präparat wird auf das Fenster eines GMZ zu bewegt, seine Strahlung über den Lautsprecher registriert.

Beobachtung: Beim Am-Präparat setzt die Strahlung erst bei wenigen Zentimetern Entfernung vom GMZ ein, beim Ra-Präparat verstärkt sich das schon hörbare Rauschen entsprechend kurz vor dem Zählrohr.

Folgerungen: Das Am-Präparat sendet eine ganz bestimmte Strahlenart aus, nämlich α-Strahlung, das Ra-Präparat enthält weitere Komponenten. α-Strahlung hat in der Luft eine Reichweite von einigen Zentimetern. Wie auch Beobachtungen an der Wilson-Nebelkammer zeigen, haben die Teilchen meist die gleiche Reichweite, also auch die gleiche kinetische Anfangsenergie.

Schon Rutherford konnte zeigen, dass es sich bei α-Strahlung um doppelt positiv geladene Helium-Ionen von bis zu ca. 10 MeV Energie handelt.

Beispiel: $^{212}_{84}$Po strahlt α-Teilchen der Maximalenergie 8,78 MeV, was 6,9 % der Lichtgeschwindigkeit entspricht. Solche Teilchen haben in Luft von Normaldruck eine Reichweite von 12 cm.

11

POTENTIALTOPF Man stellt sich vor, dass die Nukleonen, die einen Kern bilden, sich infolge der Kernkräfte im Inneren des Potentialtopfes befinden, und zwar bei negativen Energien. Nach der klassischen Mechanik könnte ein Teilchen diesen Potentialtopf nur dann verlassen, wenn seine kinetische Energie mindestens gleich der Energie der Potentialschwelle ist; die 31 MeV, die ein α-Teilchen dann besitzen müsste, werden aber nicht beobachtet.
Bildet sich im Kern aus zwei Protonen und zwei Neu-

tronen ein α-Teilchen, so wird so viel Bindungsenergie frei, dass es sich im positiven Energiebereich befindet.

TUNNELEFFEKT Die Materiewelle, die man ihm zuordnen kann, tritt bei der Reflexion mit einer geringen Wahrscheinlichkeit in den Wall ein; ist dieser schmal genug, so kann sich das α-Teilchen außerhalb des Kerns befinden und gerät in den Bereich der elektrostatischen Abstoßung. Die dadurch erhaltene Endenergie ist umso größer, je näher am Kernmittelpunkt das α-Teilchen den Potentialwall „durchtunnelt" (bei A ist sie also größer als bei B). Ein Kern vom Zustand B hat also eine kleinere Zerfallswahrscheinlichkeit und somit eine längere Lebensdauer als ein Kern vom Zustand A.

Mit α-Zerfall geht häufig γ-Strahlung einher. Dies lässt

Tunneleffekt

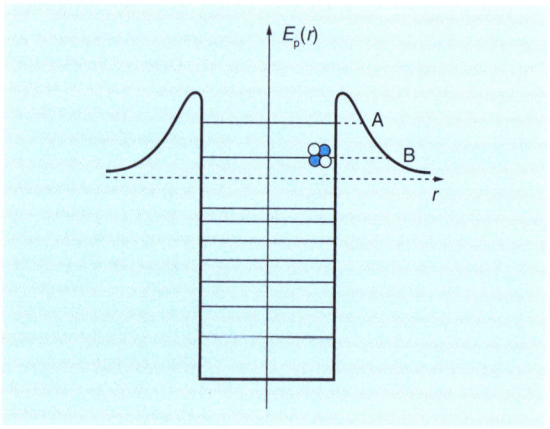

sich damit erklären, dass der entstehende Tochterkern in der Regel angeregt ist und durch Aussendung von γ-Quanten stufenweise in den Grundzustand übergeht.

Merke: $^{A}_{Z}X \rightarrow ^{A-4}_{Z-2}Y + ^{4}_{2}\text{He} (+\gamma)$ α-**Zerfall**

Betastrahlung; Betaspektrum; Neutrino

β-**STRAHLUNG** **Versuch:** Die gerichtete Strahlung eines Strontium-90- oder eines Radium-226-Präparats wird durch die Pole eines Elektromagneten hindurch von einem GMZ registriert. Dann wird das Magnetfeld eingeschaltet.

Beobachtung: Beim Sr-Präparat setzt die Strahlung ganz aus, beim Ra-Präparat lässt sie nach. Bewegt man nun das GMZ geeignet in der Umgebung des eingeschalteten Magneten, so erfasst man die fehlende Strahlung in einem bestimmten Ablenkungswinkel wieder, jedoch über einen größeren Bereich verteilt. Die Richtung der Ablenkung entspricht derjenigen von negativ geladenen Teilchen.
Bestimmt man die spezifische Ladung $\frac{e}{m}$ der Teilchen, so erhält man den für Elektronen bekannten Wert.

Folgerungen: Das Sr-Präparat sendet eine ganz bestimmte Strahlenart aus, nämlich β-Strahlung, das Ra-Präparat enthält weitere Komponenten. β-Strahlung besteht aus Elektronen unterschiedlicher, kontinuierlich verteilter kinetischer Energie. Die Teilchen haben in Luft deswegen unterschiedliche Reichweiten.

11

Beispiel: $^{214}_{83}$Bi strahlt β^--Teilchen der Maximalenergie 3,2 MeV, was 99 % der Lichtgeschwindigkeit entspricht. Solche Teilchen haben in Luft von Normaldruck eine Reichweite von 12 m.

ENERGIEVERTEILUNG DER β-TEILCHEN Trägt man die experimentell gewonnene, Nulleffekt-korrigierte Impulsrate des β-Anteils eines radioaktiven Strahlers über der kinetischen Energie der Teilchen an, so erhält man eine Verteilungskurve, deren Maximum sich typischerweise bei etwa einem Drittel der Maximalenergie befindet.

> **Merke:** Die häufigste vorkommende β-Energie beträgt etwa ein Drittel der Maximalenergie.

ANTINEUTRINO Jeder Tochterkern eines bestimmten Ausgangsnuklids hat nach dem β-Zerfall die gleiche Ruheenergie. Wegen des kontinuierlichen Energiespektrums der β-Strahlung wäre somit der Energieerhaltungssatz verletzt. Den im Allgemeinen fehlenden Energiebetrag nimmt ein zweites Teilchen, das Antineutrino $\bar{\nu}$ mit; außerdem werden durch seine Existenz der Impulserhaltungssatz und der Erhaltungssatz der Ladung erfüllt.

Neutrinos sind ungeladene Teilchen äußerst geringer Masse, die sich nahezu mit Lichtgeschwindigkeit bewegen. Mit Materie treten sie mit nur sehr geringer Wahrscheinlichkeit in Wechselwirkung; sie sind deshalb sehr schwer nachzuweisen.

β⁻-ZERFALL Da im Atomkern wegen der Heisenberg'schen Unschärferelation kein Elektron existieren kann, stellt man sich vor: Unmittelbar beim β-Zerfall wandelt sich ein Neutron des Kerns in ein Proton des Kerns um und emittiert dabei ein Elektron und ein Antineutrino.

Merke: $^A_Z X \rightarrow\ ^A_{Z+1}Y +\ ^0_{-1}e +\ ^0_0\bar{\nu}$ **β⁻-Zerfall**

β⁺-ZERFALL UND K-EINFANG Ebenfalls zu den β-Zerfällen zählt man **β⁺-Zerfall** und **K-Einfang**: Beim β⁺-Zerfall wandelt sich ein Proton des Kerns in ein Neutron des Kerns um und emittiert dabei ein **Positron** und ein Neutrino. Ein Positron hat die Masse eines Elektrons, trägt aber eine positive Elementarladung.

Merke: $^A_Z X \rightarrow\ ^A_{Z-1}Y +\ ^0_{+1}e +\ ^0_0\nu$ **β⁺-Zerfall**

Beim **K-Einfang** verwandelt sich ein Proton des Kerns zusammen mit einem Elektron der Hülle, meist aus der K-Schale, in ein Neutron des Kerns und emittiert dabei ein Neutrino.

11

Merke: $^A_Z X +\ ^0_{-1}e \rightarrow\ ^A_{Z-1}Y +\ ^0_0\nu$ **K-Einfang**

Gammastrahlung; Abstandsgesetz, Absorptionsgesetz

γ-STRAHLUNG **Versuch:** Die Strahlung eines Radium-226-Präparats wird durch die Pole eines Elektromagneten hindurch von einem GMZ registriert. Dann wird ein Blatt Papier zwischen Präparat und GMZ gehalten und das Magnetfeld eingeschaltet.

Beobachtung: Obwohl durch die beiden Maßnahmen α- und β-Strahlung absorbiert bzw. abgelenkt wurden, registriert das GMZ immer noch Strahlung.

Folgerungen: Die verbleibende Strahlenart, nämlich γ-Strahlung, wird durch ein Magnetfeld nicht abgelenkt und durch Papier kaum geschwächt. Da sie im GMZ offensichtlich ionisierend wirkt, kann sie nicht aus (ungeladenen) Teilchen bestehen.

Bei γ-Strahlung handelt es sich um sehr energiereiche elektromagnetische Strahlung mit Wellenlängen zwischen 10^{-16} m und 10^{-10} m, sie entspricht also teilweise „harter" Röntgenstrahlung.

Beispiel: Die γ-Strahlung von $^{208}_{81}$ Tl hat eine Energie von 2,62 MeV, also eine Frequenz von $6,34 \cdot 10^{20}$ Hz und eine Wellenlänge von $4,73 \cdot 10^{-13}$ m. Die Masse des zugehörigen Photons beträgt $4,67 \cdot 10^{-30}$ kg, also etwa das Fünffache der Ruhemasse eines Elektrons; das entspricht der Masse eines mit 98 % der Lichtgeschwindigkeit bewegten Elektrons.

ABSTANDSGESETZ Versuch: Das GMZ wird durch 2 mm Blei gegen α- und β-Strahlung abgeschirmt. Nach Bestimmung des Nulleffekts wird die Zählrate Z eines radioaktiven Präparats bei verschiedenen Abständen r vom GMZ gemessen.

Auswertung: Die Nulleffekt-korrigierte Zählrate wird auf doppelt logarithmischem Papier über r angetragen.

Ergebnis: Es ergibt sich eine Gerade der Steigung -2.

Abstandsgesetz

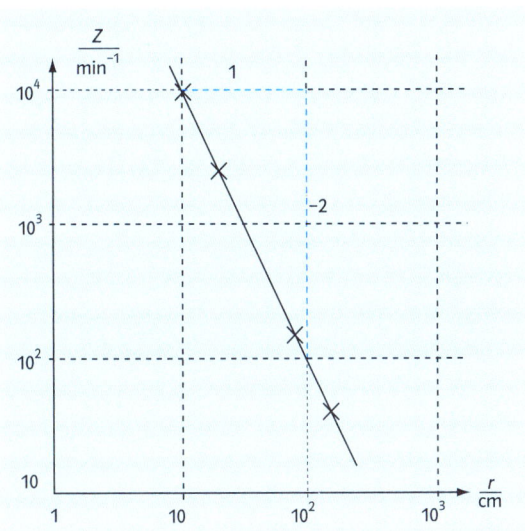

Folgerung: Z ist zum Quadrat von r indirekt proportional, denn auf doppelt logarithmischem Papier wird die Funktion $Z(r) = c \cdot r^{-2}$ durch die Gerade $\lg Z = \lg c - 2 \cdot \lg r$ dargestellt.

$$Z(r) \sim \frac{1}{r^2} \qquad \text{Abstandsgesetz für } \gamma\text{-Strahlung}$$

Das quadratische Abstandsgesetz gilt auch für β-Strahlung, wegen der Absorption in Luft jedoch nur für kleine Abstände.

ABSORPTIONSGESETZ **Versuch**: Das GMZ befindet sich in festem Abstand zu einem radioaktiven Präparat und wird durch 2 mm Blei gegen α- und β-Strahlung abgeschirmt. Nach Bestimmung des Nulleffekts werden Absorber aus verschiedenen Materialien und mit unterschiedlicher Schichtdicke d zwischen Präparat und GMZ gebracht; die Zählrate Z der Reststrahlung wird gemessen.

Absorptionsgesetz

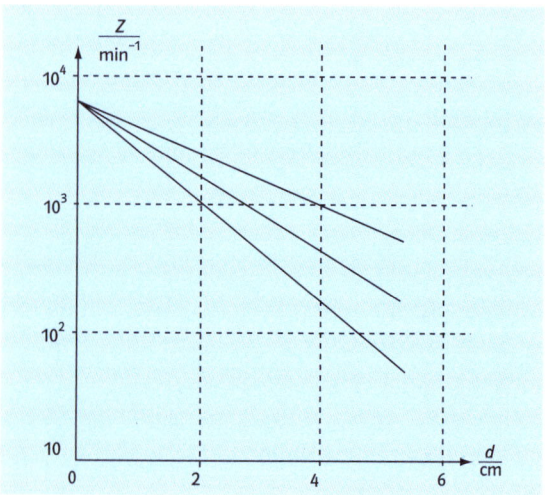

Auswertung: Die Nulleffekt-korrigierte Zählrate wird auf einfach logarithmischem Papier über d angetragen.

Ergebnis: Es ergeben sich Geraden mit materialabhängigen negativen Steigungen.

Folgerung: Z nimmt mit wachsendem d exponentiell ab, denn auf einfach logarithmischem Papier wird die Funktion $Z(d) = Z_0 \cdot e^{-\alpha d}$ durch die Gerade $\ln Z = \ln Z_0 - \alpha \cdot d$ dargestellt.

HERLEITUNG DES ABSORPTIONSGESETZES Die Abnahme der Zahl der γ-Quanten $-\Delta Z$ pro durchstrahlter Schichtdicke Δd ist der Gesamtzahl Z der eingestrahlten γ-Quanten direkt proportional:

$$-\frac{\Delta Z(d)}{\Delta d} \sim Z \;\Rightarrow\; \frac{-\frac{\Delta Z(d)}{\Delta d}}{Z} = \text{const.} = \alpha.$$

α heißt Absorptionskoeffizient; $[\alpha] = 1\,\text{m}^{-1}$

Das Minuszeichen drückt die Abnahme der Zählrate aus. Für $\Delta d \rightarrow 0$ folgt:

$$\frac{dZ(d)}{dd} = -\alpha Z \quad \text{Absorptionsgesetz (Differentialform)}$$

Daraus folgt:

$$\frac{1}{Z(d)}\,dZ(d) = -\alpha\,dd \;\Rightarrow\; \int_{Z(0)}^{Z(d)} \frac{1}{Z(d)}\,dZ(d) = -\alpha \int_0^d dd \;\Rightarrow$$

$$\ln Z(d) - \ln Z(0) = -\alpha(d - 0) \;\Rightarrow\; \ln\frac{Z(d)}{Z(0)} = -\alpha d$$

$$\Rightarrow\; \ln\frac{Z(d)}{Z(0)} = e^{-\alpha d} \;\Rightarrow$$

$$Z(d) = Z_0 \cdot e^{-\alpha d}$$

Absorptionsgesetz für γ-Strahlung

Z_0: Zählrate ohne Absorber
α: Absorptionskoeffizient (abhängig von Material und γ-Energie)

HALBWERTSDICKE Definition: Die Schichtdicke, in der die Hälfte der Grundrate einer γ-Strahlung bestimmter Energie absorbiert wird, heißt Halbwertsdicke $d_{\frac{1}{2}}$ dieses Stoffes.

Für $Z\left(d_{\frac{1}{2}}\right) = \frac{1}{2} Z_0$ erhält man aus dem Absorptionsgesetz:

$$\frac{1}{2} Z_0 = Z_0 \cdot e^{-\alpha d_{\frac{1}{2}}} \;\Rightarrow\; \ln \frac{1}{2} = -\alpha d_{\frac{1}{2}} \;\Rightarrow$$

$$d_{\frac{1}{2}} = \frac{\ln 2}{\alpha} \quad \textbf{Halbwertsdicke}$$

ABSORPTIONSMECHANISMEN Als mögliche Absorptionsmechanismen für γ-Strahlung in Materie treten der Fotoeffekt, der Compton-Effekt und die Paarbildung auf.

Der Fotoeffekt dominiert bei kleinen Quantenenergien und großen Kernladungszahlen des Absorbers. Dabei wird aus der Atomhülle ein Elektron gelöst und beschleunigt, während der Kern Impuls aufnimmt und das Photon verschwindet. Das Elektron erwärmt den Absorber.

Bei mittleren Quantenenergien wird ein Atom vor allem durch den Compton-Effekt angeregt oder ioni-

siert, die restliche Energie des Photons wird als energie-
ärmeres Photon unter Änderung der Richtung gestreut
und kann durch Compton-Effekt weitere Male Energie
abgeben, so lange bis es schließlich durch Fotoeffekt
absorbiert wird.

Zur Bildung eines Elektron-Positron-Paares (Paarbildung) schließlich ist es nötig, dass das γ-Quant eine
Energie von mindestens der doppelten Ruheenergie
eines Elektrons, also über 1,02 MeV besitzt und in das
Coulomb-Feld des Atomkerns eindringt. Die Restener-
gie $E_c - 2 m_e c^2$ wird den beiden erzeugten Teilchen
als kinetische Energie mitgegeben, das γ-Quant verschwindet.

Genauer spricht man von Absorption, wenn das Photon verschwindet und dafür ein Teilchen ausgelöst
wird, und von Streuung, wenn nach der Wechselwirkung wieder Photonen vorhanden sind.

Das Absorptionsgesetz gilt bei geringer Dicke und
Dichte des Absorbers näherungsweise auch für β-Strahlung. Als mögliche Absorptionsmechanismen treten
Ionisation und Anregung von Atomen, Röntgenbremsstrahlung und Streuung an Hüllenelektronen auf.

11

Zerfallsgesetz

RADON-ZERFALL **Versuch**: Eine bestimmte Menge
$^{220}_{86}$ Rn wird in eine geschlossene Ionisationskammer
geblasen. Man misst die Zeit t und mit Hilfe eines
Messverstärkers den Ionisationsstrom $I(t)$.

Man berechnet

$\frac{I(t)}{I_0}$.

Auswertung: $\frac{I(t)}{I_0}$ wird auf einfach logarithmischem Papier über t angetragen.

Zerfallsgesetz

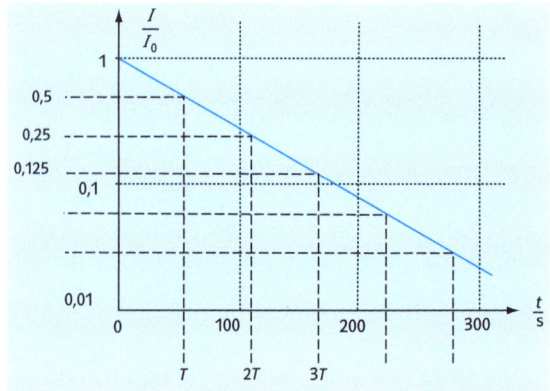

Ergebnis: Der Graph ist eine Gerade mit negativer Steigung. Um auf $\frac{1}{2}$, $\frac{1}{4}$, $\frac{1}{8}$, ... des Anfangswertes I_0 abzusinken, wird jeweils die konstante Halbwertszeit T benötigt.

Folgerung: I nimmt mit wachsendem t exponentiell ab, denn auf einfach logarithmischem Papier wird die Funktion $\frac{I(t)}{I_0} = e^{-\lambda t}$ durch die Gerade $\ln \frac{I(t)}{I_0} = -\lambda t$ dargestellt.

AKTIVITÄT UND ZERFALLSKONSTANTE Der Ionisationsstrom I wird nur aus messtechnischen Gründen benötigt. Führt man den Versuch mit Präparaten längerer Halbwertszeit durch, so ist es sinnvoll, mit dem GMZ in größeren Zeitabständen die Zahl der Impulse in einer kurzen Zeitspanne (Zählrate) zu messen.

Definition: $A = \frac{\Delta N}{\Delta t}$ **Aktivität**

ΔN: Anzahl der Zerfallsakte in einer bestimmten Menge eines radioaktiven Stoffes

Einheit: $[A] = \frac{1}{s} = 1\,\mathrm{s}^{-1} = 1\,\mathrm{Bq}$ (Becquerel)

Achtung: Die Einheit Bq darf nur für Aktivitäten verwendet werden!

Für $\Delta t \to 0$ ist $A = \left| \frac{\mathrm{d}N(t)}{\mathrm{d}t} \right| = |\dot{N}|$.

Je mehr zerfallsbereite Kerne vorliegen, desto höher ist die Zahl der Zerfälle pro Zeiteinheit, desto höher ist also die Aktivität. A ist somit ein Maß für die Zahl der zerfallsbereiten Kerne eines Stoffes. Für eine sehr große Anzahl N zerfallsbereiter Kerne gilt:

$A \sim N \Rightarrow \frac{A}{N} = \frac{\dot{N}}{N} = \mathrm{const} = -\lambda$

11

Definition: λ heißt **Zerfallskonstante**

Einheit: $[\lambda] = 1\,\mathrm{s}^{-1}$

Das Minuszeichen drückt die Abnahme der Aktivität aus. Es folgt:

$$\dot{N}(t) = -\lambda\, N(t)$$

Grundgesetz des radioaktiven Zerfalls (Differentialform)

In der Praxis benutzt man die Formel $A = -\lambda N$ für die Berechnung der Halbwertszeiten sehr langlebiger Stoffe.

GRUNDGESETZ DES RADIOAKTIVEN ZERFALLS Aus der Differenzialform des Zerfallgesetzes folgt:

$$\frac{dN(t)}{dt} = -\lambda\, N(t) \qquad\qquad \Rightarrow \frac{1}{N(t)}\, dN(t) = -\lambda\, dt$$

$$\Rightarrow \int_{N(0)}^{N(t)} \frac{1}{N(t)}\, dN(t) = -\lambda \int_{0}^{t} dt \;\;\Rightarrow\; \ln N(t) - \ln N(0) = -\lambda(t - 0)$$

$$\Rightarrow \ln \frac{N(t)}{N(0)} = -\lambda\, t \qquad\qquad \Rightarrow \frac{N(t)}{N(0)} = e^{-\lambda t}$$

$$\Rightarrow N(t) = N_0 \cdot e^{-\lambda t}$$

Grundgesetz des radioaktiven Zerfalls (Integralform)

N_0: Zahl der zerfallsbereiten Kerne zur Zeit Null

Wegen $\frac{N(t)}{N_0} = \frac{I(t)}{I_0} = \frac{A(t)}{A_0} = \frac{m(t)}{m_0}$ folgen unmittelbar aus dem Grundgesetz des radioaktiven Zerfalls die Schreibweisen

$I(t) = I_0 \cdot e^{-\lambda t}$, $A(t) = A_0 \cdot e^{-\lambda t}$ und $m(t) = m_0 \cdot e^{-\lambda t}$.

Definition: Die Zeit, in der die Hälfte einer bestimm-

ten Zahl zerfallsbereiter Kerne zerfällt, heißt Halbwertszeit $T_{\frac{1}{2}}$ dieses radioaktiven Stoffes.

Für $N\left(T_{\frac{1}{2}}\right) = \frac{1}{2}N_0$ folgt aus dem Zerfallsgesetz:

$\frac{1}{2}N_0 = N_0 \cdot e^{-\lambda T_{\frac{1}{2}}} \Rightarrow \ln\frac{1}{2} = -\lambda T_{\frac{1}{2}} \Rightarrow$

$$T_{\frac{1}{2}} = \frac{\ln 2}{\lambda}$$

ALTERSBESTIMMUNG MIT HILFE RADIOAKTIVER NUKLIDE
Zerfällt eine nicht notwendig bekannte Zahl $N_A(0)$ von
Kernen eines radioaktiven Nuklids A in der Zeit t
in $N_B(t)$ Kerne eines stabilen Nuklids B, und lässt sich
zur Zeit t das Verhältnis $\frac{N_B(t)}{N_A(t)}$ feststellen, so kann t berechnet werden:

$\left.\begin{array}{l} N_A(0) = N_A(t) + N_B(t) \\ N_A(t) = N_A(0)\cdot e^{-\lambda t} \Rightarrow \ln\frac{N_A(t)}{N_A(0)} = -\lambda t \\ \lambda = \frac{\ln 2}{T_{\frac{1}{2}}} \end{array}\right\} \Rightarrow$

$\Rightarrow t = -\frac{1}{\lambda}\cdot \ln\left(\frac{N_A(t)}{N_A(t)+N_B(t)}\right) = \frac{T_{\frac{1}{2}}}{\ln 2}\cdot \ln\left(\frac{N_A(t)+N_B(t)}{N_A(t)}\right)$

$\Rightarrow t = \frac{T_{\frac{1}{2}}}{\ln 2}\cdot \ln\left(1+\frac{N_B(t)}{N_A(t)}\right)$

bzw. auch $t = \frac{T_{\frac{1}{2}}}{\ln 2}\cdot \ln\left(1+\frac{A_B(t)}{A_A(t)}\right)$

und $t = \frac{T_{\frac{1}{2}}}{\ln 2}\cdot \ln\left(1+\frac{m_B(t)}{m_A(t)}\right)$

11

TRITIUM IM GRUNDWASSER Bestimmt man den Gehalt an radioaktivem Tritium $\left(T_{\frac{1}{2}} = 12{,}3\,\text{a}\right)$ in Grundwasser z. B. zu nur noch 40 % des Tritiumgehaltes von Regenwasser, so kann man berechnen, vor wie vielen Jahren dieses Grundwasser als Regen auf die Erde fiel:

$$\frac{m_B(t)}{m_A(t)} = \frac{0{,}6}{0{,}4} = 1{,}5 \;\Rightarrow\; t = \frac{12{,}3\,\text{a}}{\ln 2} \cdot \ln(1 + 1{,}5) = 16{,}3\,\text{a}$$

Verschiebungssätze, Zerfallsreihen

NUKLIDKARTE Zeichnet man alle bekannten Nuklide in ein Koordinatensystem ein, in dem nach rechts die

Nuklidkarte

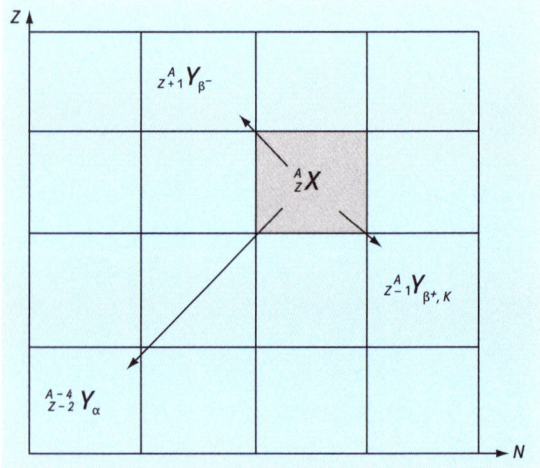

Neutronen- und nach oben die Protonenzahl angetragen wird, so erhält man eine Nuklidkarte. Da bei allen Strahlungsarten außer γ-Strahlung ein neues Element entsteht, werden die Nuklide bei Abgabe eines Teilchens auf der Nuklidkarte dorthin „verschoben".

Die tatsächlich beobachtbaren Zerfallsarten eines jeden Nuklids werden durch unterschiedliche Farben gekennzeichnet.

ZERFALLSREIHEN In sehr vielen Fällen sind die neu entstehenden Nuklide wieder instabil und zerfallen weiter, so lange bis ein stabiles Nuklid hervorgegangen ist. Eine solche Serie von Mutter- und Tochterkernen nennt man Zerfallsreihe.

Da in natürlichen Zerfallsreihen nur α- und β-Zerfall vorkommen, existieren genau vier verschiedene Zerfallsreihen.

Einige Nuklide sind auch – mit genau bestimmten Anteilen – zu beiden Zerfallsarten fähig, nicht jedoch das einzelne Nuklid. γ-Strahlung ist in den natürlichen Zerfallsreihen nur eine Begleiterscheinung von α- und β-Zerfällen. Ein natürliches radioaktives Präparat ist in der Regel eine Mischung aus Nukliden mindestens einer Zerfallsreihe und strahlt deswegen – in unterschiedlichen Intensitäten – alle drei Strahlenarten ab. Außerhalb der Zerfallsreihen gibt es noch weitere natürlich vorkommende radioaktive Nuklide mit durchwegs sehr großen Halbwertszeiten. Neben α- und β-Zerfall tritt bei einzelnen Vertretern dieser Strahler K-Einfang auf.

11

Freie Neutronen; künstliche Radioaktivität

ENTDECKUNG FREIER NEUTRONEN **Versuch:** Beschießt man eine Beryllium-Folie mit α-Strahlen, so entsteht in der Folie eine neue Art von Strahlung, die sogar dicke Bleiplatten durchdringen kann. Trifft diese Strahlung wiederum auf wasserstoffhaltiges Material (z.B. Paraffin), so werden dort Protonen ausgelöst.

Deutung: Die neue Strahlung kann nur über die Reaktion

$$^{9}_{4}\mathrm{Be} + {}^{4}_{2}\mathrm{He} \rightarrow {}^{13}_{6}\mathrm{C}^{*} \rightarrow {}^{12}_{6}\mathrm{C} + {}^{1}_{0}\mathrm{n} + \gamma$$

erklärt werden, also durch die Entstehung freier Neutronen (im Gegensatz zu im Kern gebundenen Neutronen). Infolge der fast gleich großen Masse von Neutronen und Protonen werden die Protonen durch Stoß der Neutronen beschleunigt.

Der „Zwischenkern" $^{13}_{6}\mathrm{C}^{*}$ kann nicht beobachtet werden, er hat nur theoretische Bedeutung.

Diese Reaktion, die auch zum Betrieb einer Neutronenquelle benützt wird, kann folgendermaßen abgekürzt geschrieben werden: $^{9}_{4}\mathrm{Be}\,(\alpha;\,n)\;{}^{12}_{6}\mathrm{C}$

FREIE NEUTRONEN ALS KERNGESCHOSSE Freie Neutronen haben eine geringfügig höhere Masse als Protonen und sind ungeladen.

Nach der Gleichung $^{1}_{0}\mathrm{n} \rightarrow {}^{1}_{1}\mathrm{p} + {}^{0}_{-1}\mathrm{e} + {}^{0}_{0}\bar{\nu}$ zerfallen sie mit einer Halbwertszeit von 10 min 14 s und kommen deswegen in der Natur nicht vor. Sie ionisieren nicht und werden auch von den Kernladungen nicht beeinflusst. Deshalb sind sie ideale Kerngeschosse. Die

Wahrscheinlichkeit einer Wechselwirkung zwischen Neutron und Kern steigt mit sinkender Geschwindigkeit bzw. Energie des Neutrons. Nach den Stoßgesetzen erfolgt eine Übergabe der kinetischen Energie freier Neutronen am wirkungsvollsten an Stoßpartner ungefähr gleicher Masse, also insbesondere an H-Kerne.

Neben elastischen und unelastischen Stößen, also Streuung von Neutronen, kommen Kernumwandlung nach dem Muster $A(n; x)B$ mit $x = n, p, \alpha \dots$ und Neu-troneneinfang nach dem Muster $A(n; \gamma)B$ vor. In beiden Fällen werden künstlich neue Nuklide erzeugt.

KÜNSTLICHE RADIOAKTIVITÄT Eine solche Aktivierung stabiler Atomkerne gelingt auch durch Beschuss mit α-Teilchen (aus natürlicher Radioaktivität wegen ihrer Ladung und ihrer begrenzten Energie nur bis Ordnungszahl 23) sowie den Kernen der Wasserstoff-Isotope (Proton p, Deuteron d, Triton t) und durch Kernspaltung. Die Produkte sind instabil und zerfallen nach den gleichen Gesetzen wie die natürlichen Radionuklide, das wird aber als künstliche Radioaktivität bezeichnet. Zu α-, β⁻- und γ-Strahlung (auch nach K-Einfang) treten nun auch β⁺-, p- und n-Strahlung.

Kernenergie

KERNSPALTUNG wird seit langem technisch beherrscht. Sie kann durch Anlagerung von Neutronen an Kerne hoher Nukleonenzahl künstlich angeregt werden. Dazu muss ein geeigneter Kern, z. B. ^{235}U, mit langsamen Neutronen beschossen werden. Dazu könnte man die zwei bis drei Neutronen, die bei jeder Spaltung eines ^{235}U-Kerns frei werden, verwenden, doch sind dies schnelle Neutronen. Wenn sie aber durch einen „Moderator" gebremst werden, können sie weitere Kerne zur Spaltung anregen und somit eine Kettenreaktion in Gang setzen. Als Moderator eignet sich vor allem Wasser.

Wird die Zahl der bei jeder Spaltung neu entstehenden freien Neutronen durch Absorption in „Steuerstäben" auf 1 begrenzt, so kann ein Kernreaktor kontinuierlich betrieben werden. Die bei jeder Spaltung freigesetzte Bindungsenergie erhitzt Wasser. Der Dampf treibt eine Turbine an, die wiederum an einen Generator gekoppelt ist, der den Strom erzeugt.

KERNFUSION bereitet bei der technischen Umsetzung seit langem Probleme. Im Prinzip müssten nur Kerne aus sehr wenigen Nukleonen, wie Protonen, Deuteronen oder Tritonen, einander so stark angenähert werden, dass die Kernkräfte wirksam werden und schließlich – wie im Inneren der Sonne – Heliumkerne entstehen. Da die Kernkräfte jedoch erst unterhalb 10^{-15} m wirken, andererseits die abstoßenden Coulombkräfte sehr stark sind, müssen die zur Fusion geeigneten Kerne eine sehr hohe Geschwindigkeit besitzen, das heißt das Gas muss sehr heiß sein. Die Teilchen, die in einem so heißen Gas stets ionisiert sind („Plasma"), dürfen die Wand ihres Behältnisses nicht berühren. Man versucht, die Verhältnisse in den Griff zu bekommen, indem man das Plasma mit starken Magnetfeldern von den Wänden weghält. Ein weiteres Problem, die „Zündung", also die Einleitung der ersten Fusionen, versucht man z.B. mit Hilfe von Laser-Strahlen zu lösen.

Energieerzeugung in der Sonne

Jedem Kind dürfte bewusst sein, dass alles Leben auf der Erde ohne die Wärme der Sonne undenkbar wäre. Doch woher stammt die Energie, die die Sonne nun seit etwa 4,5 Milliarden Jahren abstrahlt?

1937/38 entdeckten Hans Bethe und Carl Friedrich von Weizsäcker, dass infolge des Drucks von etwa $2 \cdot 10^{11}$ bar und der dadurch bedingten Temperatur von bis zu 15 Millionen Kelvin im Sonnenkern die Fusion von Protonen zu Heliumkernen ablaufen kann. Voraussetzung ist die Existenz von genügend Wasserstoff, der infolge der hohen Temperatur ionisiert ist.

Zur Fusion müssen sich zunächst je zwei Protonen treffen und dabei eine so große Geschwindigkeit besitzen, dass sie die Abstoßung infolge der gleichen Ladung überwinden und sich bis zur Wirkung der Kernkraft einander annähern können. Dies ist so unwahrscheinlich, dass nur durch den Tunneleffekt genügend Deuteriumkerne erzeugt werden.

Das Deuteron kann nach durchschnittlich 1,4 Sekunden mit einem weiteren Proton zu einem leichten Heliumkern 3He verschmelzen.

Nun dauert es im Mittel allerdings wieder eine Million Jahre, bis zwei 3He-Kerne aufeinander treffen und zu einem 4He fusionieren, wobei zwei Protonen frei gesetzt werden. Da ein 4He-Kern ein sehr stabiles Teilchen ist, das heißt seine Nukleonen sehr stark gebunden sind, wird ein großer Betrag an Bindungsenergie frei. Zu

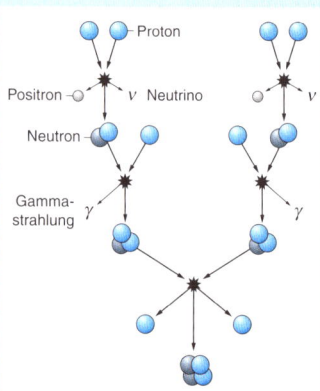

sammen mit den bei den vorhergehenden Fusionen-
entstandenen Energiebeträgen werden insgesamt über
26 MeV in kinetische Energie umgewandelt, tragen
also zur Temperaturerhöhung bei. Das entspricht nach
Einsteins Formel $E = mc^2$ einem Massenverlust von
knapp 1 % der Masse der vier Protonen.

Müssen wir uns deswegen Sorgen machen, dass der
Wasserstoff in der Sonne in absehbarer Zeit aufge-
braucht ist?
Wir können beruhigt sein: Es lässt sich berechnen, dass
die Sonne bei einer Abstrahlung von ca. $3,82 \cdot 10^{26}$ J
pro Sekunde zwar jede Sekunde einen Massenverlust
von etwa $4,25 \cdot 10^9$ kg, also über 4 Millionen Tonnen,
erleidet. Doch ist dies in Anbetracht der riesigen Son-
nenmasse so unbedeutend, dass die Sonne seit ihrem
Bestehen erst weniger als 1 Promille an Masse verloren
hat! Und da sie zu fast drei Vierteln aus Wasserstoff besteht, wird sie uns wohl noch etwa 5 Milliarden Jahre
wärmen …

Energiebilanz von Kernreaktionen

BILANZ Eine „Bilanz" hat den Vorteil, dass nur der Anfangs- und der Endzustand in die Rechnung eingehen; was dazwischen alles vor sich geht, ist nicht relevant.

Für die Berechnung der Energieänderungen von Kernreaktionen bedeutet dies, dass nur die Differenz der Atommassen der beteiligten Nuklide vor und nach der Reaktion zu bilden und in die Einstein-Beziehung $E = mc^2$ einzusetzen ist. Bei dieser Rechnung werden nicht die Nuklidmassen, sondern die Atommassen verwendet; somit braucht man sich nicht um die Bindungsenergie der Elektronenhülle zu kümmern.

KERNREAKTION Eine natürliche oder künstliche Kernreaktion läuft i. A. so ab, dass der Kern eines Atoms A („Target") mit einem Teilchen a beschossen wird. Es bildet sich ein Atom mit angeregtem Kern B* und ein Teilchen b bleibt übrig; unter Aussendung von Photonen durch den Kern kehrt das Atom zuletzt in den Grundzustand B zurück. Abgekürzt wird dieser Vorgang geschrieben: a + A → B* + b

11

Q-WERT Da das Atom A als ruhend angenommen werden kann, also seine kinetische Energie $E_A = 0$ ist, hat die Energie- bzw. Massenbilanz einer Kernreaktion also folgende Form:

$$(m_{a0} \cdot c^2 + E_a) + m_{A0} \cdot c^2 = (m_{B0} \cdot c^2 + E_B{}^* + E_B) + (m_{b0} \cdot c^2 + E_b)$$

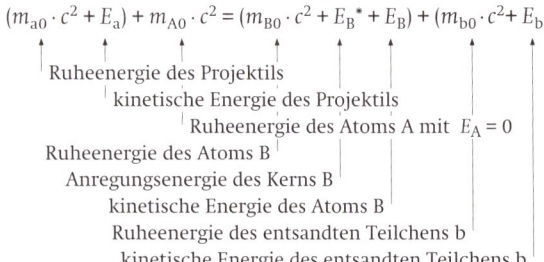

Ruheenergie des Projektils
kinetische Energie des Projektils
Ruheenergie des Atoms A mit $E_A = 0$
Ruheenergie des Atoms B
Anregungsenergie des Kerns B
kinetische Energie des Atoms B
Ruheenergie des entsandten Teilchens b
kinetische Energie des entsandten Teilchens b

Isoliert man die Ruheenergien in obiger Gleichung auf der linken Seite, so erhält man:

$$(m_{A0} \cdot c^2 + m_{a0} \cdot c^2) - (m_{B0} \cdot c^2 + m_{b0} \cdot c^2) = E_B{}^* + E_B + E_b - E_a$$

Die rechte Seite der Gleichung definiert den „Q-Wert" einer Kernreaktion, die linke Seite dient zu seiner Berechnung in der Praxis:

$$Q = (m_{A0} \cdot c^2 + m_{a0} \cdot c^2) - (m_{B0} \cdot c^2 + m_{b0} \cdot c^2) \Rightarrow$$
$$Q = [(m_{A0} + m_{a0}) - (m_{B0} + m_{b0})] \cdot c^2$$

EXOTHERM UND ENDOTHERM Die Berechnung des Q-Werts erlaubt anzugeben, ob die Reaktion von selbst abläuft oder nicht. Nimmt man zur weiteren Vereinfachung an, dass der Kern B nicht angeregt, also $E_B{}^* = 0$ ist, so stellt sich der Q-Wert in der Form der rechten Seite der obigen Gleichung als Differenz der erzielten und der investierten kinetischen Energien dar: $Q = E_B + E_b - E_a$. Daraus ergibt sich:

Ist $Q > 0$, so ist die Kernreaktion „exotherm", d. h. es gibt einen Überschuss an kinetischer Energie, die Reaktion läuft von selbst ab;

ist $Q < 0$, so ist die Kernreaktion „endotherm", d. h. sie läuft nur bei Zufuhr von Energie ab.

BEISPIELE BEKANNTER KERNREAKTIONEN sollen die Berechnung verdeutlichen:

- **β⁻-Zerfall:** $^{85}_{36}\text{Kr} \rightarrow {}^{85}_{37}\text{Rb}^+ + e^- + \bar{\nu}$

  $Q = \left[m_A \left({}^{85}_{36}\text{Kr} \right) - m_A \left({}^{85}_{37}\text{Rb} \right) \right] \cdot c^2$

  $\quad = [84{,}912530 - 84{,}911792] \cdot uc^2 = 0{,}687 \text{ MeV}$

  Die Reaktion ist exotherm.

- **α-Zerfall:** $^{210}_{84}\text{Po} \rightarrow {}^{206}_{82}\text{Pb}^{--} + \alpha^{++}$

  $Q = \left\{ m_A \left({}^{210}_{84}\text{Po} \right) - \left[m_A \left({}^{206}_{82}\text{Pb} \right) + m_A \left({}^{4}_{2}\text{He} \right) \right] \right\} \cdot c^2$

  $\quad = 5{,}408 \text{ MeV}$

  Die Reaktion ist exotherm.

- **Kernreaktion mit Projektil:** $^{1}_{1}\text{p}^+ + {}^{11}_{5}\text{B} \rightarrow {}^{11}_{6}\text{C}^+ + {}^{1}_{0}\text{n}$

  $Q = \left\{ m_A \left({}^{1}_{1}\text{H} \right) + m_A \left({}^{11}_{5}\text{B} \right) - \left[m_A \left({}^{11}_{6}\text{C} \right) + m_n \right] \right\} \cdot c2$

  $\quad = -2{,}76 \text{ MeV}$

  Die Reaktion ist endotherm.

Aufbau des Atomkerns

11

ELASTISCHE STREUUNG Schon Ernest Rutherford verwendete die „elastische Streuung" von *a*-Teilchen an Goldatomen, um die Struktur von *Atomen* zu untersuchen. Die zum Teil sehr großen Ablenkungswinkel seiner Geschosse waren an einem gleichmäßig mit Materie und Ladung ausgefüllten Atom nicht denkbar, die Trennung in Atomkern und Atomhülle also die Folge. Eine solche „Reaktion" läuft nach dem Schema a + A → a + A ab. Das Projektil dringt nicht in das Target ein, d. h. beide bleiben unverändert. Zur Untersuchung eines *Nukleons* sind allerdings Projektile sehr viel geringerer Größe und wesentlich höherer kinetischer Energie nötig, als α-Teilchen sie besitzen. Deshalb schoss man Elektronen von knapp 200 MeV auf flüssigen Wasserstoff H_2:

Elastische Elektron-Proton-Streuung

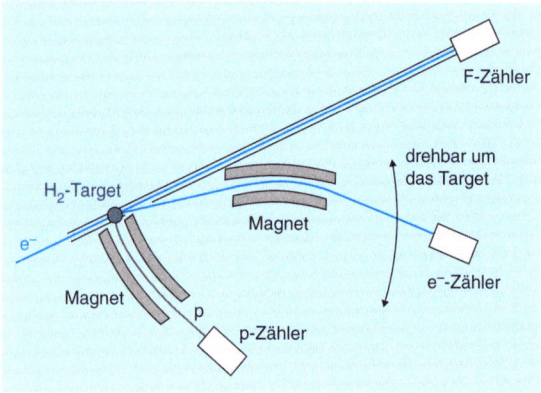

Dem stark vereinfachten Versuchsaufbau ist zu entnehmen, dass die Intensität der von links kommenden, meist unabgelenkten Elektronen im Faraday-Zähler bestimmt wird. Die an Protonen gestreuten Elektronen werden durch eine Kombination mehrerer Magnete aufgefächert und aus verschiedenen Richtungen im e⁻-Zähler registriert; ihr Impuls kann ermittelt werden. Im p-Zähler werden die Rückstoß-Protonen identifiziert.

LADUNGSVERTEILUNG IN NUKLEONEN Die Erkenntnis ist, dass die Ladung im Proton nach außen exponentiell abnimmt. Damit ist aber auch die räumliche Ausdehnung des Protons bewiesen! Bei genügend großen Energien „sieht" das gestreute Elektron also nicht mehr die Ladung des Kerns als Gesamtheit, sondern nur noch Teile davon. Versuche mit Neutronen als Targets zeigen, dass das Neutron ähnlich ausgedehnt ist wie das Proton, also lokalisierbare Ladungen enthält.

Um das Innere von Nukleonen noch genauer untersuchen zu können, benötigt man allerdings Elektronen von vielen GeV bis über 1 TeV Energie.

INELASTISCHE STREUUNG Beim Versuch von Franck und Hertz wird zum ersten Mal mit – sehr langsamen – Elektronen auf Quecksilber-Atome geschossen, wobei deren Hülle einen bestimmten Energiebetrag der Elektronen übernehmen kann. Diese nach dem Schema

$a + A \rightarrow a + A^*$ ablaufende „inelastische Streuung" lässt ein angeregtes Target und ein langsameres, sonst aber unverändertes Projektil zurück.

NUKLEONENRESONANZ Auch um ins Innere eines Nukleons oder eines Kerns eindringen, also um seine Struktur untersuchen zu können, sind Elektronen geeignet, da sie punktförmig sind. Die Reaktion läuft nach dem obigen oder nach dem Schema $a + A \rightarrow b + A^*$ ab; es entsteht ein angeregtes Nukleon, aus dem gleichartige oder neue Teilchen ausgesandt werden. Bei der inelastischen Elektron-Proton-Streuung mit Elektronen der höchsten zur Zeit erzeugbaren Energie kann auch der Rückstoß der Protonen nicht mehr unberücksichtigt bleiben; denn der Zuwachs der Protonenenergie liegt in der Größenordnung ihrer Ruheenergie.

Die beim Versuch vom Elektron an das Proton über-

11

tragene Energie führt also zu einem Massenzuwachs des Protons, der gemessen werden kann. Die Häufigkeit bestimmter Massenzunahmen wird in einem Diagramm dargestellt:

Nukleonen-Resonanz

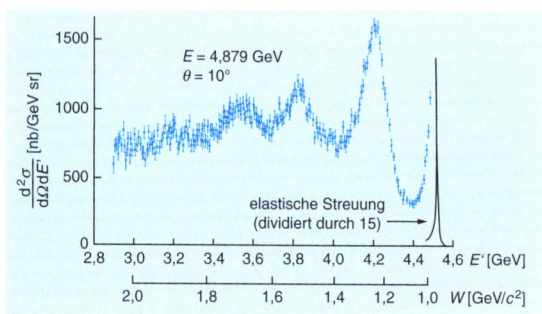

In diesem Diagramm erkennt man neben dem überragenden Maximum von elastisch gestreuten Protonen der Ruhemasse 0,938 $\frac{\text{GeV}}{c^2}$ mindestens zwei weitere Maxima mit höheren Massenänderungen, was durch eine bevorzugte Übernahme von Energie, also inelastische Streuung gedeutet wird. Man bezeichnet dies als „Nukleonenresonanz".

QUARKS Im Unterschied zur Resonanz in Atomhüllen, wo man Quantensprünge zur Erklärung heranzieht, interpretiert man Nukleonenresonanz als eigenes Teilchen. Diese Ungleichheit ist durch die extrem unterschiedlichen Größenordnungen der Energien begründet.

Nicht zuletzt, weil sogar das Neutron offensichtlich diskret verteilte Ladungen enthält, liegt es nahe, im Inneren von Nukleonen unterschiedlich geladene Teilchen anzunehmen. Deren Ladung muss allerdings einen Bruchteil der Elementarladung betragen und unterschiedliche Vorzeichen besitzen. Man nennt sie „Quarks".

Standardmodell

ELEMENTARTEILCHEN Warum steckt die Politik so viel Geld in den Bau von riesigen Beschleunigeranlagen und der Wissenschaftler so viel Lebenszeit in die Erforschung der Elementarteilchen, ohne Aussicht auf einen konkreten „Nutzen"?

Als Erklärung bietet sich das grundsätzlich vorhandene Streben des Menschen nach Erkenntnis, nach dem Woher und Wohin des Lebens an.

Schon in der Antike fragte man nach den kleinsten, unteilbaren Bausteinen der Materie. Erst im Laufe des vergangenen Jahrhunderts wurde auch das Atom Schritt für Schritt „zerlegt", und man fand zusätzlich Hunderte von Elementarteilchen. Heute ist man wieder einmal an einem – vermeintlichen? – Endpunkt angelangt, hat Ordnung in die Vielfalt gebracht und kann den Aufbau der Welt aus nur wenigen kleinsten, im Moment unteilbaren Teilchen und wenigen fundamentalen Kräften verstehen.

LEPTONEN UND QUARKS Diese kleinsten Teilchen lassen sich in zwei Gruppen einteilen, die „Leptonen" und die „Quarks" sowie deren Antiteilchen.

Die sechs Mitglieder der Leptonen existieren als freie Teilchen: Es sind das Elektron e, das Myon μ und das Tau τ sowie ihre Neutrinos ν_e, ν_μ und ν_τ. Die ersteren tragen die negative Elementarladung $-e$ und besitzen eine sehr kleine Masse, die Neutrinos sind ungeladen und nahezu masselos.

Die sechs Mitglieder der Quarks existieren ausschließlich in Kombinationen. Up-, Charm- und Top-Quark tragen die Ladung $+\frac{2}{3}e$, Down-, Strange- und Bottom-Quark die Ladung $-\frac{1}{3}e$. Ihre Massen liegen zwischen etwa 5 Elektronenmassen beim u-Quark und etwa der Masse eines Goldatoms beim t-Quark.

NUKLEONEN Aus Quarks sind weitere Elementarteilchen aufgebaut; unter vielen Möglichkeiten sind die Bausteine der Atomkerne die wichtigsten: 2 u- und 1 d-Quark mit der Gesamtladung $+e$ ergeben ein Proton, 1 u- und 2 d-Quarks mit der Gesamtladung 0 ein Neutron („Valenzquarks").

HADRONEN Alle weiteren Elementarteilchen und auch die Myonen haben eine nur sehr kurze Lebensdauer und kommen damit in der uns umgebenden Materie nicht vor. Teilweise werden sie in der Lufthülle der Erde durch die kosmische Strahlung erzeugt, zum größten Teil aber nur in Beschleunigeranlagen.

Dabei handelt es sich um die Gruppen der Hyperonen und der Mesonen. Diese beiden Gruppen bilden zusammen mit den Nukleonen die große Gruppe der Hadronen. Alle Hadronen sind aus Quarks und Antiquarks zusammengesetzt.

Für alle genannten Teilchen gibt es auch jeweils ein Antiteilchen mit der gleichen Masse, aber entgegengesetztem Ladungsvorzeichen. Aus Antiprotonen, Antineutronen und Positronen können im Labor Antiatome erzeugt werden.

AUSTAUSCHTEILCHEN Vergleicht man bei den Versuchen mit inelastischer Elektron-Proton-Streuung den Impuls aller Quarks eines Nukleons mit dem Gesamtimpuls des Nukleons, so erhält man nur etwa die Hälfte des erwarteten Wertes. Daraus muss man folgern, dass im Nukleon weitere Teilchen zur Masse beitragen.

Auch ist zu überlegen, wie die Quarks aneinander gebunden sein könnten. Dabei ist zu berücksichtigen, dass zu einer Kraftwirkung zwischen zwei Körpern kein unmittelbarer Kontakt notwendig ist, wie das Beispiel der Gravitation zeigt. Sogar bei der Gravitation, vor allem aber in der Mikrophysik geht man von der Vorstellung aus, dass die „Wechselwirkung" durch „Austauschteilchen" manifestiert wird. Stark vereinfacht kann man sich das vorstellen wie Ball spielende Kindern: Der Ball hält sie durch das ständige Einander-Zuwerfen zu einer Einheit zusammen.

11

GLUON Im Falle der Quarks führt man als Austauschteilchen die „Gluonen" ein. Sie sind für die „starke Wechselwirkung" zwischen den Quarks zuständig.

Gluonen repräsentieren aber auch die Kernkraft, also die Kraft zwischen den Nukleonen. Weiter verbindet man die „elektromagnetische Wechselwirkung" zwi-

Aufbau eines Nukleons aus Quarks und Gluonen

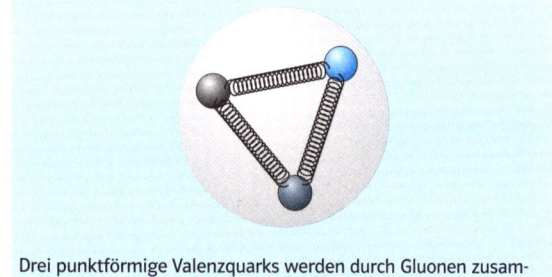

Drei punktförmige Valenzquarks werden durch Gluonen zusammengehalten, die als Federn dargestellt sind.

schen elektrisch geladenen Teilchen mit dem Photon, die „schwache Wechselwirkung", der z.B. die Neutrinos unterliegen, mit den Z- und W-Teilchen, sowie die Gravitation mit dem Graviton.

Die auf S. 215 dargestellte Einteilung der bekannten Elementarteilchen stellt das „Standardmodell" der Kernphysik dar.

Wechsel-wirkung	Beispiel	Austausch-teilchen	Reichweite
elektroma-gnetisch	Atombindung, Rutherford-Streuung	Photon	∞
stark	Quarkbindung, Nukleon-bindung, Kernspaltung	Gluon	$10^{-15}\,\text{m}$
schwach	Neutrino-Nukleon-Streuung, Neutron-Zerfall	Z, W	$10^{-17}\,\text{m}$
Gravitation	Expansion des Kosmos, Planeten-systeme, Licht-ablenkung	Graviton	∞

11

Anhang

12 Übersichten

Zentrale Gleichungen

Thema	Grundgleichung	Formel
Öltröpfchen-Versuch von Millikan	$F_G = F_e$	$mg = qE$ $m = \rho V$ $E = \frac{U}{d}$
Bewegung von Elektronen im elektrischen Längsfeld	$W_e = E_k$	$eU = \frac{1}{2}mv^2$
Bewegung von Elektronen im homogenen Magnetfeld (Fadenstrahlrohr)	$F_L = F_Z$	$evB = \frac{mv^2}{r}$
Halleffekt, Induktion, Geschwindigkeitsfilter	$F_e = F_L$	$eE = evB$

Weitere wichtige Gleichungen

Thema	Gleichung	Bezeichnung
Geradlinige Bewegung	$v(t) = v_0 + a_0\, t$ $x(t) = v_0 t + \frac{a_0}{2}t^2$ $v^2(x) - v_0^2 = 2a_0 x$	Bewegungsgleichungen

Harmonische Schwingung	$y(t) = A\sin(\omega t + \varphi_0)$	Weg-Zeit-Gesetz
Zustandsgleichung des idealen Gases	$pV = NkT$ $pV = nRT$	Universelle Gasgleichung
Grundgleichung der kinetischen Gastheorie	$p = \frac{1}{3}\rho\,\overline{v^2}$	
Relativistische Dynamik	$m(v) = \dfrac{m_0}{\sqrt{1 - \frac{v^2}{c^2}}}$	relativistische Masse
Elektrische Flussdichte	$\vec{D} = \varepsilon\,\vec{E}$	Grundgleichung des elektrischen Feldes
Magnetische Feldstärke	$\vec{B} = \mu\,\vec{H}$	Grundgleichung des magnetischen Feldes
Elektromagnetischer Schwingkreis	$T = 2\pi\sqrt{LC}$	Thomson-Gleichung
Bragg-Reflexion	$2d\sin\alpha = k\cdot\lambda$	Bragg'sche Bedingung
Lichtelektrischer Effekt	$\frac{m}{2}v^2 = hf - W_0$	Einstein-Gleichung
Heisenberg'sche Unschärferelation	$\Delta y \cdot \Delta p_y \geq \frac{h}{2\pi}$	Ort-Impuls-Beziehung
Zerfallsgesetz	$\dot{N}(t) = -\lambda N(t)$ $N(t) = N_0 \cdot e^{-\lambda t}$	Grundgesetz des radioaktiven Zerfalls

12

Wichtige Definitions-Gleichungen

Thema	Gleichung	Bezeichnung
Geradlinige Bewegung	$v_0 = \frac{\Delta x}{\Delta t} = \frac{x(t + \Delta t) - x(t)}{\Delta t}$	Konstante Geschwindigkeit
Geradlinige Bewegung	$a_0 = \frac{\Delta v}{\Delta t} = \frac{v(t + \Delta t) - v(t)}{\Delta t}$	Konstante Beschleunigung
Arbeit, Leistung und Energie	$W = \vec{F} \circ \vec{x} = F \cdot x \cdot \cos \alpha$	Mechanische Arbeit
Arbeit, Leistung und Energie	$P = \frac{W}{t}$	Leistung
Impuls und Impulserhaltung	$\vec{p} = m \cdot \vec{v}$	Impuls
Kreisbewegung	$\omega = \frac{\varphi}{t}$	Winkel-geschwindigkeit
Molekülgröße und Avogadro-Konstante	$M_m = \frac{m}{n}$	Molare Masse
Molekülgröße und Avogadro-Konstante	$M_r = \frac{m_i}{u} = \frac{M_m}{\frac{kg}{kmol}}$	Relative Molekülmasse
Elektrisches Feld	$\vec{E} = \frac{\vec{F}}{q}$	Elektrische Feldstärke
Elektrisches Feld	$C = \frac{Q}{U}$	Kapazität
Magnetisches Feld	$B = \frac{F}{I \cdot l}$	Magnetische Flussdichte
Induktion	$\Phi = B A$	Magnetischer Fluss

Selbstinduktion	$L = \mu A \frac{N^2}{l}$	Induktivität
Compton-Effekt	$\lambda_C = \frac{h}{m_e c}$	Compton-Wellenlänge
Materiewellen	$\lambda = \frac{h}{m v}$	De Broglie-Wellenlänge
Kernaufbau	$B = (Z \cdot m_p + N \cdot m_n) - m_{Kern}$	Massendefekt
Kernaufbau	$E_B = - B \cdot c^2$	Bindungsenergie
Zerfallsgesetz	$A = \frac{\Delta N}{\Delta t}$	Aktivität

12

Stichwortverzeichnis